Simone Ochsenkühn

macOS Monterey Tastenkürzel

Finder, Safari, Mail, Fotos, Siri, etc. effektiver bedienen

ISBN 978-3-95431-090-6

©2021 amac-buch Verlag

Hergestellt in Deutschland

Trotz sorgfältigen Lektorats schleichen sich manchmal Fehler ein. Autoren und Verlag sind dankbar für Anregungen und Hinweise!

amac-buch Verlag
Erlenweg 6
D-86573 Obergriesbach
E-Mail: info@amac-buch.de
http://www.amac-buch.de
Telefon 0 82 51 / 82 71 37
Telefax 0 82 51 / 82 71 38

Alle Rechte vorbehalten. Die Verwendung der Texte und Bilder, auch auszugsweise, ist ohne die schriftliche Zustimmung des Verlags urheberrechtswidrig und strafbar. Das gilt insbesondere für die Vervielfältigung, Übersetzung, die Verwendung in Kursunterlagen oder elektronischen Systemen. Der Verlag übernimmt keine Haftung für Folgen, die auf unvollständige oder fehlerhafte Angaben in diesem Buch zurückzuführen sind. Nahezu alle in diesem Buch behandelten Hardware- und Softwarebezeichnungen sind zugleich eingetragene Warenzeichen.

Simone Ochsenkühn

macOS Monterey Tastenkürzel

Finder, Safari, Mail, Fotos, Siri, etc. effektiver bedienen

Inhalt

Die Mac-Tastatur	6
Sonderzeichen	9
macOS-Kurzbefehle	16
Allgemeine Kurzbefehle für Programme	27
TextEdit	31
Safari	33
Mail	35
Vorschau	39
Musik	41
Podcasts	44
tv	45
iMovie	45
Fotos	50
Bücher	53
Kalender	54
Kontakte	56

Inhalt

💬	Nachrichten	57
📒	Notizen	58
≔	Erinnerungen	60
📹	FaceTime	60
🗺	Karten	61
💽	Festplattendienstprogramm	62
🔑	Schlüsselbundverwaltung	63
	Gestensteuerung	65
🌀	Siri	67
	Force Touch (kräftiger Klick)	72
	Eigene Tastenkürzel definieren	76
	PDF aus jeder App via Kurzbefehl erzeugen	78
	Schnellaktionen	79
	Eigenes Tastenkürzel für den Programmstart	85
🌀	Kurzbefehle	87

Die Mac-Tastatur

Apple setzt zwei unterschiedliche Tastaturen ein, die verkürzte Tastatur bei Laptops und der Bluetooth-Tastatur (Magic Keyboard) sowie das Magic Keyboard mit Ziffernblock. Beide Tastaturarten kann man als externe Tastatur nachkaufen. Beim Kauf eines iMacs kann man sogar zwischen den beiden Tastaturen wählen.

Touch Bar & Touch ID beim MacBook

Die Touch Bar ist eine Multitouch-Leiste, die sich oberhalb der Tastatur befindet und die herkömmlichen Funktionstasten ersetzt. Sie besteht aus einem Display mit 2170 × 60 Pixeln, die aufgrund der verwendeten OLED-Technologie auch farbige Informationen darstellen kann. Auf der rechten Seite wird die Touch Bar durch die Touch ID (Fingerabdrucksensor) ergänzt.

Die Touch Bar zeigt je nach verwendeter App kontextabhängige Funktionen an und kann in dessen Funktionsumfang jederzeit individuell angepasst werden.

In unserem Gratis-E-Book (Touch Bar & Touch ID im MacBook Pro) erfahren Sie alles über diese neue Technologie. (www.amac-buch. de/touchbar-pdf)

Die Mac-Tastatur

Laptop-Tastatur und Magic Keyboard

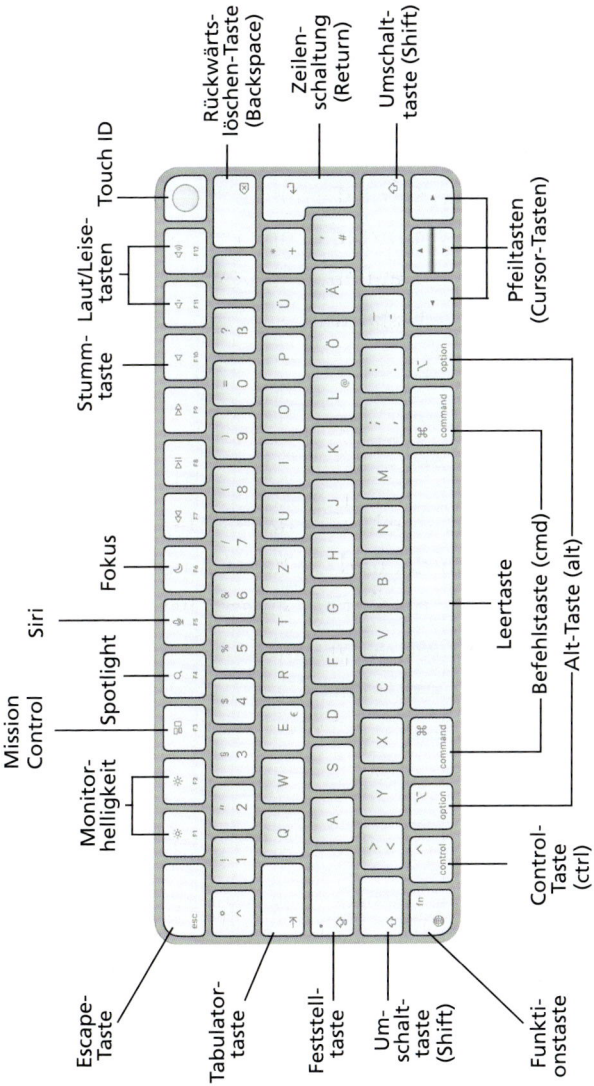

Diese Version mit Touch ID funktioniert nur auf Macs mit Apple Prozessoren wie dem M1. Es gibt dieses Keyboard auch ohne Touch ID für alle anderen Mac-Modelle.

Die Mac-Tastatur

Magic Keyboard mit Ziffernblock und Touch ID

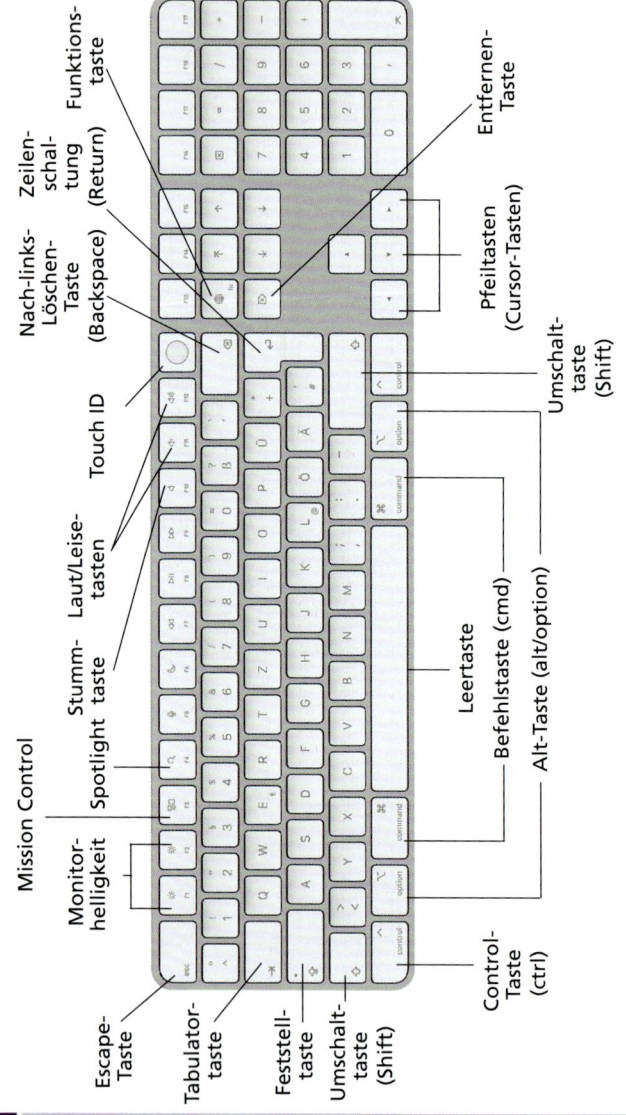

> Diese Version mit Touch ID funktioniert nur auf Macs mit Apple Prozessoren wie dem M1. Es gibt dieses Keyboard auch ohne Touch ID für alle anderen Mac-Modelle.

Sonderzeichen

Zuerst wollen wir Ihnen zeigen, mit welchen Tastenkombinationen Sie Sonderzeichen wie z. B. die eckigen Klammern [] oder einen in der Mitte stehenden Punkt • in Ihre E-Mails oder Dokumente einfügen können. Das Mac-System hält grundsätzlich eine Funktion bereit, mit der Sie sich alle Tastenkombinationen für die Sonderzeichen anzeigen lassen können. Diese Funktion nennt sich *Tastaturübersicht*.

Die *Tastaturübersicht* ist standardmäßig deaktiviert und muss erst in den *Systemeinstellungen* bei *Tastatur –> Eingabequellen* eingeschaltet werden. Dort findet sich die Option *Eingabequellen in der Menüleiste anzeigen*. Wird sie eingeschaltet, so erhält man ein zusätzliches Symbol rechts oben in der Menüleiste des Finders.

Wenn Sie mehr als eine Eingabequelle angegeben haben, wie z. B. zusätzlich eine englische Tastaturbelegung, dann wird das Symbol in der Menüleiste in Form der jeweiligen Landesfahne dargestellt.

Sonderzeichen

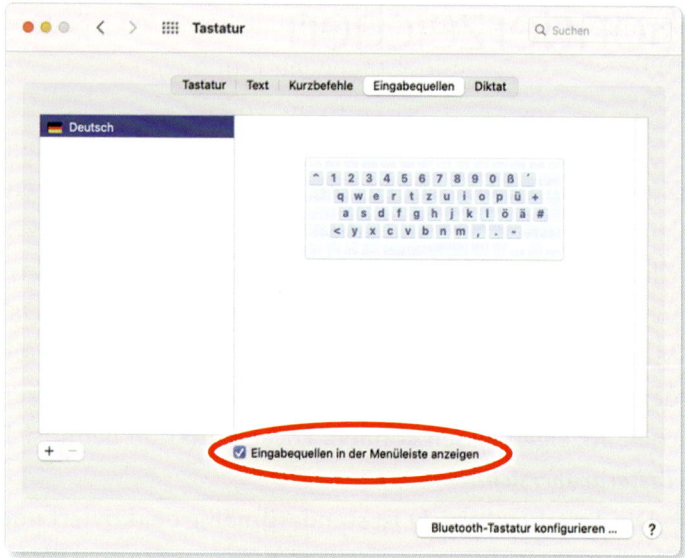

Die Tastaturübersicht muss erst eingeschaltet werden.

Wenn Sie nun auf das neue Symbol klicken, klappt ein Menü auf, in dem Sie *Tastaturübersicht einblenden* finden.

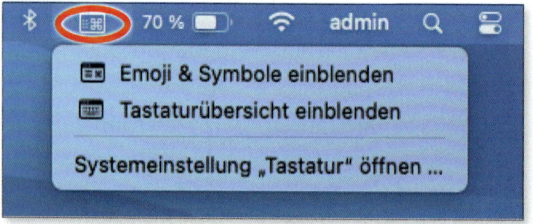

Im Finder kann über das Symbol rechts oben die Tastaturübersicht eingeblendet werden.

Die Tastaturübersicht ist ein eigenes Fenster, in dem die aktuelle Tastatur mit allen Tasten abgebildet ist. Sobald Sie eine Taste auf Ihrer Tastatur drücken, wird diese in der Übersicht hervorgehoben. Das Tolle daran ist: Wenn Sie z. B. die *alt*-Taste drücken, sehen Sie alle Zeichen, die

Sonderzeichen

Sie mit dieser Sondertaste erreichen können. Zum Beispiel ergibt *alt* + *Ü* den mittelstehenden Punkt. Auf diese Weise können Sie durch Kombinationen von *alt*-, *Shift*- und *cmd*-Taste alle Sonderzeichen der Tastatur in Erfahrung bringen.

Die Tastenbelegungen der Shift-Taste (oben), der alt-Taste (Mitte) und der Kombination alt + Shift (unten)

Sonderzeichen

Die farbig markierten Tasten bedeuten übrigens, dass bei deren Verwendung danach noch eine weitere Taste gedrückt werden muss. Um also z. B. den Buchstaben „û" zu erhalten, müssen Sie zuerst die Kombination **alt + Shift + 6** drücken und anschließend gleich den Buchstaben **u**.

Und noch ein Tipp: Um die Tastenbelegung vergrößert anzuzeigen, klicken Sie links oben auf den Kreis mit den drei Pünktchen und wählen **Zoomen** aus..

Es gibt noch eine weitere Funktion, mit deren Hilfe Sie sehr schnell auf die verschiedenen Varianten eines Buchstabens zugreifen können. Wenn Sie also z. B. den Buchstaben „ã" benötigen, müssen Sie nicht in der Zeichenübersicht nachschlagen, sondern Sie müssen nur einige Sekunden lang die Taste *A* drücken. Dadurch wird ein kleines Fenster mit der Auswahl der Buchstabenvariationen geöffnet. Nun müssen Sie nur noch den gewünschten Buchstaben mit der Maus oder der Ziffer darunter wählen.

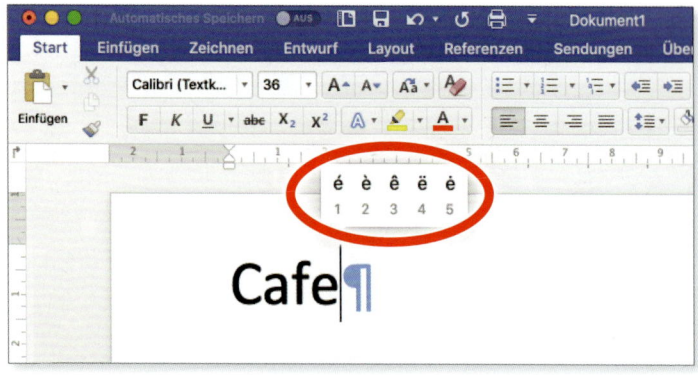

Hält man eine Taste etwas länger gedrückt, erscheinen die Akzent-Variationen des Buchstabens.

Sonderzeichen

Zusätzlich zu den Buchstabenvariatonen können Sie auch noch ein Fenster mit Symbolen, vor allem Emoticons, einblenden und diese direkt beim Schreiben in den Text einfügen. Dafür müssen Sie nur die Tastenkombination *ctrl + cmd + Leertaste* drücken. In Mail können Sie außerdem die Emoji-Taste in der Symbolleiste anklicken, um die Liste mit den Emojis einzublenden.

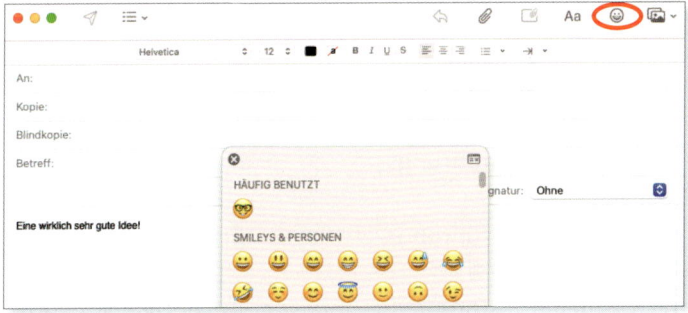

Mit einem Kurzbefehl können Sie Emoticons in einen Text einfügen, in Mail sogar mit einer eigenen Schaltfläche.

Damit Sie nicht jedes Mal die Tastaturübersicht einblenden müssen, haben wir nachfolgend die häufigsten Tastenkombinationen für Sonderzeichen zusammengestellt.

Sonderzeichen

Tastenkürzel für Sonderzeichen

Zeichen	Symbol	Tastenkombination
Deutsches Anführungszeichen unten	„	alt + ^
Deutsches Anführungszeichen oben	"	alt + Shift + ^ oder alt + 2
Deutsches Anführungszeichen einfach unten	‚	alt + S
Deutsches Anführungszeichen einfach oben	'	alt + #
Französisches Anführungszeichen zu	«	alt + Q
Französisches Anführungszeichen auf	»	alt + Shift + Q
Französisches Anführungszeichen einfach zu	‹	alt + Shift + B
Französisches Anführungszeichen einfach auf	›	alt + Shift + N
Umgedrehtes Ausrufezeichen	¡	alt + 1
Negationszeichen	¬	alt + Shift + 1
Absatzzeichen	¶	alt + 3
Centzeichen	¢	alt + 4
Pfundzeichen	£	alt + Shift + 4
Eckige Klammer auf	[	alt + 5
Eckige Klammer zu	]	alt + 6
Senkrechter Strich	|	alt + 7
Backslash (Schrägstrich nach links geneigt)	\	alt + Shift + 7
Geschweifte Klammer auf (Akkolade)	{	alt + 8
Geschweifte Klammer zu (Akkolade)	}	alt + 9

Sonderzeichen

Zeichen	Symbol	Tastenkombination
Kleiner mittelstehender Punkt	·	alt + Shift + 9
Großer mittelstehender Punkt	•	alt + Ü
Ungleich-Zeichen	≠	alt + 0
Umgedrehtes Fragezeichen	¿	alt + ß
Eurozeichen	€	alt + E
Registriertes Warenzeichen	®	alt + R
Copyright-Zeichen	©	alt + G
Trademark-Zeichen	™	alt + Shift + D
Sterbezeichen	†	alt + T
Pi-Zeichen	π	alt + P
at-Zeichen	@	alt + L
Yen-Zeichen	¥	alt + Y
Auslassungspunkte	…	alt + Punkt
Gedankenstrich (Halbgeviertstrich)	–	alt + -
Langer Gedankenstrich (Geviertstrich)	—	alt + Shift + -
Unterstreichungszeichen	_	Shift + -
Promille-Zeichen	‰	alt + Shift + E
Größer-gleich-Zeichen	≥	alt + Shift + <
Geteilt-durch-Zeichen	÷	alt + Shift + Punkt
Unendlich-Zeichen	∞	alt + Komma
Apple-Logo		alt + Shift + Plus

macOS-Kurzbefehle

Kurzbefehle für das Dock	
Kontextmenü für das Dock anzeigen	ctrl-Taste + auf Trennlinie klicken oder rechte Maustaste
Kontextmenü eines Programms anzeigen	Einmaliges Klicken mit der ctrl-Taste oder der rechten Maustaste auf das Programmsymbol
Ein bereits geöffnetes Programm im Dock behalten	Kontextmenü durch Klicken auf Programmsymbol aktivieren und „Im Dock behalten" auswählen
Ein Programm aktivieren und das aktuelle ausblenden	Mit alt-Taste auf gewünschtes Programmsymbol im Dock klicken
Ein Programm aktivieren und alle anderen ausblenden	cmd + alt und Klick auf das gewünschte Programmsymbol
Ein Programm sofort beenden	Mit ctrl-Taste bzw. mit Rechtsklick auf Programmsymbol im Dock auf „Beenden" klicken
Ein Dokument mit einem Programm im Dock öffnen	Das Dokumentsymbol auf das jeweilige Programm ziehen (falls notwendig: cmd + alt drücken)
Den Fokus auf das Dock legen	ctrl + F3
Dock ein-/ausblenden	cmd + alt + D

macOS-Kurzbefehle

Finder-Fenster-Kurzbefehle	
Als Symbole darstellen	cmd + 1
Als Liste darstellen	cmd + 2
Als Spalten darstellen	cmd + 3
Als Galerie darstellen	cmd + 4
Vorschauspalte einblenden	cmd + Shift + P
Übersicht einblenden (Quick Look)	cmd + Y, Leertaste
Übersicht im Vollbildmodus	cmd + alt + Y
Symbol- und Seitenleiste des Fensters aus-/einblenden	cmd + alt + T
Nur Seitenleiste ein-/ausblenden	cmd + alt + S
Pfadleiste ein-/ausblenden	cmd + alt + P
Statusleiste ein-/ausblenden	cmd + / bzw. cmd + Shift + 7
Tableiste ein-/ausblenden	cmd + Shift + T
Darstellungsoptionen einblenden	cmd + J
Vollbildmodus für das aktive Fenster ein-/ausschalten	ctrl + cmd + F
Zwischen den Fenstern im aktuellen Programm (mehrere Fenster) hin- und herwechseln	cmd + < bzw. cmd + >
Fenster im Dock ablegen	cmd + M
Alle Fenster und alle Symbole auf dem Schreibtisch im Dock ablegen	cmd + alt + M
Neuen Tab öffnen	cmd + T
Zum nächsten Tab wechseln	ctrl + Tab
Zum vorherigen Tab wechseln	ctrl + Shift + Tab

macOS-Kurzbefehle

Finder-Fenster-Kurzbefehle

Fenster/Tab schließen	cmd + W
Alle Tabs schließen	cmd + Shift + W
Alle Fenster schließen	cmd + alt + W
Ordner in neuem Tab öffnen	cmd + Doppelklick auf den Ordner
Rückwärts blättern	cmd + Ö
Vorwärts blättern	cmd + Ä
Speicherpfad einblenden	Mit gedrückter cmd-Taste auf den Fenstertitel klicken
Standard-Fenstergröße festlegen	Öffnen Sie im Finder nur **ein** Fenster. Ziehen Sie dieses Fenster auf gewünschte Breite und Höhe. Klicken Sie anschließend mit gedrückter ctrl-Taste auf den roten Schließen-Button des Fenster. Alle neuen Finder-Fenster werden nun in der eingestellten Größe geöffnet.
Fenster links oder rechts auf dem Bildschirm anordnen bzw. Vollbildmodus	Mauszeiger etwa eine Sekunde auf den grünen Button eines Fensters halten.
Fenster nach rechts oder links auf dem Bildschirm bewegen	alt-Taste + Mauszeiger eine Sekunde auf den grünen Fenster-Button

Gruppierung innerhalb des Finder-Fensters bei allen vier Darstellungsarten

Gruppierung ein-/ausschalten	ctrl + cmd + 0
Gruppieren nach „Name"	ctrl + cmd + 1
Gruppieren nach „Art"	ctrl + cmd + 2
Gruppieren nach „Zuletzt geöffnet"	ctrl + cmd + 3

macOS-Kurzbefehle

Finder-Fenster-Kurzbefehle

Gruppieren nach „Hinzugefügt am"	ctrl + cmd + 4
Gruppieren nach „Änderungsdatum"	ctrl + cmd + 5
Gruppieren nach „Größe"	ctrl + cmd + 6
Gruppieren nach „Tags"	ctrl + cmd + 7

Aufräumen in der Symboldarstellung

Aufräumen nach „Name	cmd + alt + 1
Aufräumen nach „Art"	cmd + alt + 2
Aufräumen nach „Änderungsdatum"	cmd + alt + 3
Aufräumen nach „Größe"	cmd + alt + 6
Aufräumen nach „Tags"	cmd + alt + 7

Finder-Kurzbefehle

Alle Dateien im vordersten Fenster auswählen	cmd + A
Auswahl aufheben	cmd + alt + A
Markierte Dateien/Ordner kopieren	cmd + C
Markierte Dateien/Ordner duplizieren	cmd + D
Markierte Dateien/Ordner mit der Maus kopieren	Mit gedrückter alt-Taste die Dateien/Ordner verschieben
Kopierte Dateien/Ordner einfügen	cmd + V
Kopierte Datei/Ordner vom ursprünglichen Ort an den aktuellen Ort bewegen	cmd + alt + V
Datei/Ordner öffnen	cmd + O

macOS-Kurzbefehle

Finder-Kurzbefehle	
Datei/Ordner in neuem Fenster öffnen und aktuelles Fenster schließen	cmd + alt + O
CD/DVD, USB-Stick und externes Laufwerk auswerfen/deaktivieren	cmd + E
Letzte Aktion rückgängig machen	cmd + Z
Rückgängig gemachte Aktion wiederherstellen	cmd + Shift + Z
Neues Fenster	cmd + N
Neuer Ordner im aktuellen Fenster	cmd + Shift + N
Ordner/Datei in den Papierkorb legen	cmd + Backspace
Papierkorb mit Rückfrage leeren	cmd + Shift + Backspace
Papierkorb ohne Rückfrage leeren	cmd + alt + Shift + Backspace
Finder-Einstellungen öffnen	cmd + ,
Informationsfenster einer ausgewählten Datei öffnen	cmd + I
Informationsfenster ein-/ausblenden	cmd + alt + I
Zusammengefasste Informationen mehrerer ausgewählter Objekte anzeigen	ctrl + cmd + I
Ordner/Datei zur Seitenleiste hinzufügen	ctrl + cmd + T
Alias/Verknüpfung erstellen	cmd + L
Original des Alias anzeigen	cmd + R
Alias/Verknüpfung mit der Maus erstellen	Mit gedrückter cmd + alt-Taste die Datei verschieben

Finder-Kurzbefehle

Eine Ordnerebene nach oben springen	cmd + Pfeiltaste nach oben
Übergeordneten Ordner in neuem Fenster öffnen	ctrl + cmd + Pfeiltaste nach oben
Eine Ordnerebene nach unten springen (Ordner öffnen) wenn ein Ordner ausgewählt ist oder Datei öffnen, wenn eine Datei ausgewählt ist	cmd + Pfeiltaste nach unten
Ordner in der Listendarstellung aufklappen	Pfeiltaste nach rechts
Ordner in der Listendarstellung zuklappen	Pfeiltaste nach links
Alle Unterordner in der Listendarstellung aufklappen	alt + Pfeiltaste nach rechts
Alle Unterordner in der Listendarstellung zuklappen	alt + Pfeiltaste nach links
In der Listen-, Spalten- und Galerie-Darstellung zur ersten Datei in der Liste springen	alt + Pfeiltaste nach oben
In der Listen-, Spalten- und Galerie-Darstellung zur letzten Datei in der Liste springen	alt + Pfeiltaste nach unten
Etwas suchen (erweiterte Spotlight-Suche)	cmd + F
Spotlight starten	cmd + Leertaste
Siri starten	cmd + Leertaste gedrückt halten
Finder-Suchfenster öffnen	cmd + alt + Leertaste
Kontextmenü anzeigen	ctrl + Klick bzw. Rechtsklick

macOS-Kurzbefehle

Finder-Kurzbefehle

Fenster „Programme sofort beenden" öffnen	cmd + alt + esc
Aktuelles Programm sofort beenden	cmd + alt + Shift + esc
Schneller Programmwechsel zwischen den gestarteten Programmen	cmd + Tab, dabei die cmd-Taste gedrückt halten und mit mehrfachem Drücken der Tab-Taste das gewünschte Programm ansteuern
Zwischen zwei Programmen schnell hin- und herwechseln	cmd + Tab nur einmal drücken
Bildschirmsynchronisation ein-/ausschalten (nur bei der Verwendung von mehreren Monitoren)	cmd + Helligkeit verringern (F1)
Systemeinstellung „Monitor" öffnen	alt + Helligkeit erhöhen (F2)
Systemeinstellung „Ton" öffnen	alt + Lauter-Taste (F12)
Hilfefunktion öffnen	cmd + Shift + ß
Aktuelles Programm ausblenden	cmd + H
Programm beenden	cmd + Q

Zu bestimmten Orten wechseln

Gehe zu Computer	cmd + Shift + C
Gehe zum Benutzerordner	cmd + Shift + H
Gehe zum Dokumente-Ordner	cmd + Shift + O
Gehe zum Programme-Ordner	cmd + Shift + A
Gehe zum Dienstprogramme-Ordner	cmd + Shift + U

macOS-Kurzbefehle

Finder-Kurzbefehle	
Gehe zu einem bestimmten Ordner	cmd + Shift + G
Gehe zu „Zul. benutzt"	cmd + Shift + F
Gehe zu Schreibtisch	cmd + Shift + D
Gehe zu Downloads	cmd + alt + L
Gehe zu AirDrop	cmd + Shift + R
Gehe zu iCloud Drive	cmd + Shift + I
Gehe zu Netzwerk	cmd + Shift + K
Mit einem Servervolume verbinden	cmd + K

Mission Control	
Mission Control aktivieren/deaktivieren	ctrl + Pfeiltaste nach oben
Fenster des geöffneten Programms anzeigen	ctrl + Pfeiltaste nach unten
Blick auf den Schreibtisch freigeben	F11
Einen Space nach links wechseln	ctrl + Pfeiltaste nach links
Einen Space nach rechts wechseln	ctrl + Pfeiltaste nach rechts
Die Systemeinstellung von Mission Control öffnen	alt + Mission Control (F3)

Ein-/Ausschalten des Rechners	
Ausschalten-Dialog	ctrl + Auswurftaste bzw. Einschalttaste

macOS-Kurzbefehle

Finder-Kurzbefehle

Alle Programme beenden und neu starten	ctrl + cmd + Auswurftaste bzw. Einschalttaste
Ruhezustand	cmd + alt + Auswurftaste bzw. Einschalttaste
Alle Displays in den Ruhezustand versetzen	ctrl + shift + Auswurftaste bzw. Einschalttaste
Normales Ausschalten	Ein-/Ausschaltknopf
Ausschalten erzwingen	Ein-/Ausschaltknopf ca. fünf Sekunden lang gedrückt halten
Schnelles Abmelden	cmd + Shift + Q
Bildschirm sperren	cmd + ctrl + Q
Abmelden ohne Rückfrage	cmd + alt + Shift + Q

Kurzbefehle für den Systemstart (Macs mit Intel-Prozessor)

Die folgenden Tastenkombinationen müssen sofort nach dem Einschalten des Rechners gedrückt werden.

Alle Startvolumes anzeigen (Bootmanager)	alt-Taste gedrückt halten
Im gesicherten Modus starten	Shift-Taste gedrückt halten
Von startfähiger CD/DVD oder startfähigem USB-Stick starten	Taste C gedrückt halten
Rechner als Festplatte starten (Festplattenmodus)	Taste T gedrückt halten
Von einem NetBoot-Server starten	Taste N gedrückt halten
Apple Hardware Test starten	Taste D gedrückt halten
CD/DVD beim Starten auswerfen	Auswurftaste, F12, Maus- oder Trackpadtaste gedrückt halten

macOS-Kurzbefehle

Kurzbefehle für den Systemstart (Macs mit Intel-Prozessor)	
Internet-Wiederherstellung starten (Dabei wird der Rechner via Internet mit einem System von den Apple-Servern gestartet.)	cmd + alt + R gedrückt halten
Parameter-RAM zurücksetzen	cmd + alt + P + R gedrückt halten

Kurzbefehle für den Systemstart (Macs mit Apple Prozessoren wie M1 etc.)	
Alle Startvolumes anzeigen	Rechner einschalten und danach die An/Aus-Taste gedrückt halten
Im gesicherten Modus starten	Rechner einschalten – danach An/Aus-Taste gedrückt halten und anschließend bei gehaltener Shift-Taste die Macintosh HD anklicken
Festplatte teilen	Rechner einschalten – anschließend An/Aus-Taste gedrückt halten, – **Optionen –> Dienstprogramme –> Volume teilen**
Apple Hardware Test	Rechner einschalten – danach An/Aus-Taste gedrückt halten; cmd + D gedrückt halten; Hardwareteste Offline oder Online ausführen

macOS-Kurzbefehle

Sonstiges	
Bildschirmfoto des gesamten Monitors als Datei sichern	cmd + Shift + 3
Bildschirmfoto des gesamten Monitors in die Zwischenablage legen	ctrl + cmd + Shift + 3
Bildschirmfoto eines Ausschnitts als Datei sichern	cmd + Shift + 4 und dann Auswahlrechteck aufziehen
Bildschirmfoto eines Fensters oder einer Palette als Datei sichern	cmd + Shift + 4 und dann Leertaste drücken, Mauszeiger auf Fenster führen und klicken
Bildschirmfoto in Zwischenablage legen	cmd + ctrl + Shift + 4 während der Auswahl drücken
Optionen für die Bildschirmaufnahme öffnen	cmd + Shift + 5
In den Optionen kann nicht nur ein einfacher Screenshot, sondern auch eine komplette Videoaufzeichnung von der Bildschirmtätigkeit aufgenommen werden. Außerdem kann dort ein Timer für die Aufnahme festlegt werden.	
Bildschirmfoto von Touchbar als Datei sichern	cmd + Shift + 6

Allgemeine Kurzbefehle für Programme

Die folgenden Kurzbefehle kommen in den meisten Mac-Programmen vor. Bei einzelnen Programmen können die Kurzbefehle abweichen bzw. eine andere Funktion haben.

Allgemeines	
Dokument öffnen	cmd + O
Dokument schließen	cmd + W
Alle geöffneten Dokumente schließen	cmd + alt + W
Dokument sichern	cmd + S
Dokument unter neuem Namen sichern oder duplizieren	cmd + Shift + S
Programm beenden	cmd + Q
Alles auswählen	cmd + A
Objekt/Text in die Zwischenablage kopieren	cmd + C
Objekt/Text ausschneiden und in die Zwischenablage legen	cmd + X
Objekt/Text aus der Zwischenablage einfügen	cmd + V
Letzte Aktion rückgängig machen	cmd + Z
Aktion wiederherstellen, die zuvor rückgängig gemacht wurde	cmd + Shift + Z

Allgemeine Kurzbefehle für Programme

Allgemeines

Drucken-Dialog öffnen	cmd + P
Dialog für „Papierformat" öffnen	cmd + Shift + P
Programm sofort beenden	cmd + alt + Shift + esc
Programm ausblenden	cmd + H
Alle Programme im Hintergrund ausblenden	cmd + alt + H

Speichern- und Öffnen-Dialog

Zum Schreibtisch wechseln	cmd + D
Zum Benutzerordner wechseln	cmd + Shift + H
Zum Dokumentenordner wechseln	cmd + Shift + O
Zum Computer wechseln	cmd + Shift + C
Zum Programmeordner wechseln	cmd + Shift + A
Zum iCloud Drive wechseln	cmd + Shift + I
Zum Netzwerk wechseln	cmd + Shift + K
Zum Downloadordner wechseln	cmd + alt + L
Den Fokus auf das Suchfeld legen	cmd + F
Eine Ordnerebene nach oben springen	cmd + Pfeiltaste nach oben
Eine Ordnerebene tiefer springen (Ordner öffnen)	cmd + Pfeiltaste nach unten
Zur Symboldarstellung wechseln	cmd + 1
Zur Listendarstellung wechseln	cmd + 2

Allgemeine Kurzbefehle für Programme

Speichern- und Öffnen-Dialog	
Zur Spaltendarstellung wechseln	cmd + 3
Ordner in der Listendarstellung aufklappen	Pfeiltaste nach rechts
Ordner in der Listendarstellung zuklappen	Pfeiltaste nach links
Alle Unterordner in der Listendarstellung aufklappen	alt + Pfeiltaste nach rechts
Alle Unterordner in der Listendarstellung zuklappen	alt + Pfeiltaste nach links
Ausgewählte Dateien öffnen	cmd + O
Ausgewählte Dateien in den Papierkorb legen	cmd + Backspace (löschen nach links)
Ausgewählte Datei im Finder zeigen	cmd + R
Seitenleiste ein-/ausblenden	cmd + alt + S
Neuen Ordner anlegen	cmd + Shift + N

Weiterführende Lektüre

macOS Monterey - PREMIUM Videobuch
Das Standardwerk zu Apples Betriebssystem

ISBN: 978-3-95431-086-9 € 34,95
Autor: Anton Ochsenkühn

Wer fundiert alle Details von macOS kennenlernen möchte, dem lege ich das Buch *macOS Monterey Standardwerk* ans Herz. Für alle Windows-Umsteiger ist es die Pflichtlektüre, um schnell und effizient den Wechsel zum Mac vornehmen zu können. Es sollte generell auf keinem Schreibtisch fehlen, auf dem ein Mac steht.

TextEdit

TextEdit ist ein Textverarbeitungsprogramm, mit dem im kleinen Umfang Textdokumente erstellt und bearbeitet werden. Neben TextEdit gibt es noch andere Programme, die Texte und Textformatierungen verwenden, wie z. B. *Notizen*, *Mail*, *Kalender* oder *Nachrichten*. Die Kurzbefehle für die Textformatierung sind in diesen Programmen annähernd gleich. Aus diesem Grund finden Sie bei den Kurzbefehlen der anderen Programme nur die Abweichungen gegenüber den Standardkürzeln von TextEdit.

Allgemein	
Einstellungen öffnen	cmd + Komma
Darstellung vergrößern	cmd + alt + Pluszeichen
Darstellung verkleinern	cmd + alt + Minuszeichen
Originalgröße	cmd + 0
Vollbildmodus ein-/ausschalten	ctrl + cmd + F
Seitenränder ein-/ausblenden	cmd + Shift + W
Lineal ein-/ausblenden	cmd + R
Lineal kopieren	ctrl + cmd + C
Lineal einsetzen	ctrl + cmd + V
Zwischen reiner Textdatei (TXT) und formatiertem Text (RTF) hin- und herwechseln	cmd + Shift + T

TextEdit

Textbearbeitung	
Schriften ein-/ausblenden	cmd + T
Farben ein-/ausblenden	cmd + Shift + C
Fettdruck anwenden/entfernen	cmd + B
Kursiv anwenden/entfernen	cmd + I
Unterstreichung ein-/ausschalten	cmd + U
Schrift vergrößern	cmd + Pluszeichen
Schrift verkleinern	cmd + Minuszeichen
Schrift enger machen (Laufweite verringern)	cmd + alt + Ö
Schrift weiter machen (sperren)	cmd + alt + Ä
Schriftstil kopieren	cmd + alt + C
Schriftstil einsetzen	cmd + alt + V
Text linksbündig ausrichten	cmd + Ö
Text rechtsbündig ausrichten	cmd + Ä
Text zentriert ausrichten	cmd + Ü
Text aus der Zwischenablage einsetzen und an die Formatierung anpassen	cmd + alt + Shift + V
Bild einfügen	cmd + Shift + A
Hyperlink hinzufügen	cmd + K
Text suchen	cmd + F
Text suchen und ersetzen	cmd + alt + F
Zur nächsten Fundstelle springen	cmd + G
Zur vorherigen Fundstelle springen	cmd + Shift + G
Markierten Text suchen	cmd + E

TextEdit/Safari

Textbearbeitung	
Auswahl hervorheben	cmd + J
Zeile auswählen	cmd + L
Rechtschreibung und Grammatik ein-/ausblenden	cmd + Shift + Punkt
Dokument auf Rechtschreibung überprüfen	cmd + Shift + Komma
Sonderzeichen/Emojis einblenden	ctrl + cmd + Leertaste
Diktierfunktion starten	fn-Taste zweimal hintereinander drücken
Wort auswählen	Doppelklick
Absatz auswählen	Dreifachklick

 # Safari

Allgemein	
Safari-Einstellungen öffnen	cmd + Komma
In das Eingabefeld für die Internetadresse springen	cmd + L
Neuen Tab öffnen	cmd + T
Hyperlink in neuem Tab im Vordergrund öffnen	cmd + Shift + Mausklick auf den Hyperlink

Safari

Allgemein	
Hyperlink in neuem Tab im Hintergrund öffnen	cmd + Mausklick auf den Hyperlink
Hyberlink in neuem Fenster im Vordergrund öffnen	cmd + alt + Shift + Mausklick auf Hyperlink
Hyperlink in neuem Fenster im Hintergrund öffnen	cmd + alt + Mausklick auf Hyperlink
Zum nächsten Tab springen	ctrl + Tab
Zum vorherigen Tab springen	ctrl + Shift + Tab
Zurückblättern	cmd + Ö
Vorwärtsblättern	cmd + Ä
Startseite öffnen	cmd + Shift + H
Ladevorgang stoppen	cmd + Punkt
Seite neu laden	cmd + R
Suche auf der aktuellen Seite durchführen	cmd + F
Zur nächsten Fundstelle springen	cmd + G
Zur vorherigen Fundstelle springen	cmd + Shift + G
Formularfelder automatisch mit Kontaktdaten ausfüllen	cmd + Shift + A
Zurück zur Ergebnisseite der Websuche springen	cmd + alt + S
Lesezeichen hinzufügen	cmd + D
Lesezeichen bearbeiten	cmd + alt + B
Zur Leseliste hinzufügen	cmd + Shift + D
Vorheriges Objekt in der Leseliste auswählen	cmd + alt + Pfeil nach oben
Nächstes Objekt in der Leseliste auswählen	cmd + alt + Pfeil nach unten

Safari/Mail

Darstellung	
Favoritenleiste ein-/ausblenden	cmd + Shift + B
Seitenleiste ein-/ausblenden	cmd + Shift + L
Statusleiste ein-/ausblenden	cmd + Shift + Ü
Lesezeichen ein-/ausblenden	ctrl + cmd + 1
Leseliste ein-/ausblenden	ctrl + cmd + 2
Reader ein-/ausblenden	cmd + Shift + R
Tab-Übersicht ein-/ausblenden	cmd + Shift + 7
Darstellung vergrößern	cmd + Pluszeichen
Darstellung verkleinern	cmd + Minuszeichen
Originalgröße	cmd + 0
In den Vollbildmodus wechseln	ctrl + cmd + F
Den Vollbildmodus verlassen	ctrl + cmd + F oder esc
Website-Pin 1 bis 9 anwählen	cmd + 1 bis 9
Favorit 1 bis 9 einblenden	cmd + alt + 1 bis 9

Mail

Allgemein	
Mail-Einstellungen öffnen	cmd + Komma
Hauptfenster einblenden	cmd + 0
Aktivität-Fenster einblenden	cmd + alt + 0
E-Mail öffnen	cmd + O

Mail

Allgemein

Adressfeld „Blindkopie" ein-/ausblenden	cmd + alt + B
Adressfeld „Antwort an" ein-/ausblenden	cmd + alt + R
Postfachliste (Seitenleiste) ein-/ausblenden	cmd + Shift + M
Favoritenleiste ein-/ausblenden	cmd + alt + Shift + H
E-Mail-Filter ein-/ausschalten	cmd + L
Vollbildmodus ein-/ausschalten	ctrl + cmd + F
E-Mail-Header ein-/ausblenden	cmd + Shift + H
Quellcode der E-Mail anzeigen	cmd + alt + U

E-Mail schreiben/abrufen/verwalten

E-Mails empfangen	cmd + Shift + N
Neue E-Mail erstellen	cmd + N
Ausgewählte E-Mails anhängen	cmd + alt + I
E-Mail senden	cmd + Shift + D
E-Mail beantworten	cmd + R
E-Mail weiterleiten	cmd + Shift + F
E-Mail umleiten	cmd + Shift + E
E-Mail als ungelesen/gelesen markieren	cmd + Shift + U
E-Mail als Werbung markieren	cmd + Shift + J
E-Mail Absender stumm	ctrl + Shift + M
Markierung ein/aus	cmd + Shift + L

Mail

E-Mail schreiben/abrufen/verwalten

E-Mail archivieren	ctrl + cmd + A
Regeln anwenden	cmd + alt + L
Gelöschte E-Mails in allen Postfächern endgültig löschen (Papierkorb entleeren)	cmd + Shift + Backspace
Unerwünschte Werbung löschen	cmd + alt + J
Schriften ein-/ausblenden	cmd + T
Farben ein-/ausblenden	cmd + Shift + C
Fettdruck anwenden/entfernen	cmd + B
Kursiv anwenden/entfernen	cmd + I
Unterstreichung ein-/ausschalten	cmd + U
Schrift größer	cmd + Pluszeichen
Schrift kleiner	cmd + Minuszeichen
Schriftstil kopieren	cmd + alt + C
Schriftstil einfügen	cmd + alt + V
Text linksbündig	cmd + alt + 8
Text rechtsbündig	cmd + alt + 9
Text zentriert	cmd + alt + 7
Einzug erhöhen	cmd + alt + 6
Einzug verringern	cmd + alt + 5
Zitatebene erhöhen	cmd + Shift + #
Zitatebene verringern	cmd + alt + Shift + #
Hyperlinks hinzufügen	cmd + K
E-Mail in reinen Text ohne Formatierungen umwandeln	cmd + Shift + T

Mail

E-Mail schreiben/abrufen/verwalten	
E-Mail in den „Eingang" verschieben	ctrl + cmd + 1
E-Mail nach „VIPs" verschieben	ctrl + cmd + 2
E-Mail nach „Gesendet" verschieben	ctrl + cmd + 3
E-Mail nach „Markiert" verschieben	ctrl + cmd + 4
E-Mail in „Entwürfe" verschieben	ctrl + cmd + 5

Postfächer aufrufen	
Eingang	cmd + 1
Gesendet	cmd + 2
Markiert	cmd + 3
Entwürfe	cmd + 4
VIPs	cmd + 5

Haben Sie beispielsweise kein Postfach *Entwürfe*, so können die gesendeten E-Mails mit *cmd +4* aufgerufen werden.

Vorschau

Allgemein	
Vorschau-Einstellungen öffnen	cmd + Komma
Informationen ein-/ausblenden	cmd + I
Lupe ein-/ausblenden	<
90 Grad gegen den Uhrzeigersinn drehen	cmd + L
90 Grad im Uhrzeigersinn drehen	cmd + R
Diashow starten	cmd + Shift + F
Vollbildmodus ein-/ausschalten	ctrl + cmd + F
Nur Inhalt zeigen	cmd + alt + 1
Miniaturen einblenden	cmd + alt + 2
Inhaltsverzeichnis einblenden	cmd + alt + 3
Seitenübersicht einblenden	cmd + alt + 6
Darstellung vergrößern	cmd + Pluszeichen
Darstellung verkleinern	cmd + Minuszeichen
Originalgröße	cmd + 0
Darstellung an Fenstergröße anpassen	cmd + 9
Auswahlbereich zoomen	cmd + Shift + Plus
Darstellung in der Seitenleiste erweitern	cmd + alt + Pfeil nach rechts
Darstellung in der Seitenleiste reduzieren	cmd + alt + Pfeil nach links

Vorschau

Allgemein	
Werkzeugleiste ein-/ausblenden	cmd + Shift + A
Symbolleiste ein-/ausblenden	cmd + alt + T

PDF	
Hervorhebungen und Notizen (Kommentare) einblenden	cmd + alt + 4
Lesezeichen einblenden	cmd + alt + 5
Seiten fortlaufend anzeigen	cmd + 1
Seiten als Einzelseiten anzeigen	cmd + 2
Doppelseiten anzeigen	cmd + 3
Vorwärtsblättern	alt + Pfeil nach unten
Rückwärtsblättern	alt + Pfeil nach oben

Kommentare/Anmerkungen

Text hervorheben	ctrl + cmd + H
Text unterstreichen	ctrl + cmd + U
Text durchstreichen	ctrl + cmd + S
Rechteckige Markierung einfügen	ctrl + cmd + R
Ovale Markierunge einfügen	ctrl + cmd + O
Linie einfügen	ctrl + cmd + I
Pfeil einfügen	ctrl + cmd + A
Textrahmen einfügen	ctrl + cmd + T
Lupe einfügen	ctrl + cmd + L
Notiz einfügen	ctrl + cmd + N
Lesezeichen hinzufügen	cmd + D

PDF

Seiten beschneiden, wenn zuvor ein Auswahlrechteck aufgezogen wurde	cmd + K

Bilder

Bildhintergrund ein-/ausblenden	cmd + alt + B
Farbkorrekturfunktionen einblenden	cmd + alt + C
Rechteckige Markierung einfügen	ctrl + cmd + R
Ovale Markierunge einfügen	ctrl + cmd + O
Linie einfügen	ctrl + cmd + I
Pfeil einfügen	ctrl + cmd + A
Textrahmen einfügen	ctrl + cmd + T
Lupe einfügen	ctrl + cmd + L

Musik

Allgemein

Starten oder Pausieren der Wiedergabe	Leertaste
Abspielen von Anfang an	Return
Wiedergabe stoppen	cmd + Punkt
Zum nächsten Titel springen	cmd + Pfeil nach rechts
Zum vorigen Titel springen	cmd + Pfeil nach links

Musik

Allgemein	
Anzeigen des gerade abgespielten Titels in der Liste	cmd + L
Anzeigen der Liste „Als Nächstes"	cmd + alt + U
Anhören des nächsten oder vorherigen Titels in einer Liste	Drücken Sie die Tastenkombination „Wahl-Rechtspfeil" bzw. „Wahl-Linkspfeil".
Lauter	cmd + Pfeil nach oben
Leiser	cmd + Pfeil nach unten
Equalizer ein-/ausblenden	cmd + alt + E
Stummschalten	cmd + Shift + Pfeil nach unten
Stummschalten deaktivieren	cmd + Shift + Pfeil nach oben
Streamen einer Audiodatei von einer URL-Adresse	cmd + U
Musi im „geschützten Modus" (ohne externe Plug-Ins) starten	cmd + alt beim Starten drücken

Wiedergabelisten	
Neue Wiedergabeliste	cmd + N
Neue Wiedergabeliste von Auswahl	cmd + Shift + N
Neue intelligente Wiedergabeliste	cmd + alt + N
Starten der zufälligen Genius-Wiedergabe	Drücken Sie die Tastenkombination „alt + Leertaste".
Aktualisieren einer Genius-Wiedergabeliste	cmd + R

Musik

Wiedergabelisten

Wiedergabeliste sofort löschen	cmd + Backspace
Wiedergabeliste und alle enthaltenen Titel aus Musik löschen	alt + Backspace
Ausgewählten Titel aus Musik und den Wiedergabelisten löschen	alt + Backspace

Verwalten der Musik-Mediathek

Dateien hinzufügen	cmd + O
Suchfeld auswählen	cmd + F

Darstellung

MiniPlayer öffnen	cmd + alt + M
Vollbildmodus ein/aus	ctrl + cmd + F
Statusleiste ein-/ausblenden	cmd + ß
Informationen-Fenster öffnen	cmd + I
Bei geöffnetem Informationen-Fenster den nächsten Titel in der Liste auswählen	cmd + N
Bei geöffnetem Informationen-Fenster den vorherigen Titel in der Liste auswählen	cmd + P
Darstellungsoptionen öffnen	cmd + J
Visuelle Effekte ein-/ausschalten	cmd + T
Liedtext einblenden	ctrl + cmd + U
Download-Fenster öffnen	cmd + alt + L

Musik/Podcasts

Darstellung	
Optionen der visuellen Effekte einblenden	Drücken Sie die Taste „?", und drücken Sie dann die Taste für eine Option. (Nicht alle visuellen Effekte unterstützen diese Funktion.)

iTunes Store und Apple Music	
Ins Suchfeld springen	cmd + F
Vorwärtsblättern	cmd + Ä
Rückwärtsblättern	cmd + Ö
Seite neu laden	cmd + R

Podcasts

Allgemein	
Starten oder Pausieren der Wiedergabe	Leertaste
30 Sek. vor	cmd + Shift + Pfeil nach rechts
15. Sek. zurück	cmd + Shift + Pfeil nach links
Zum nächsten Titel springen	cmd + Pfeil nach rechts
Zum vorherigen Titel springen	cmd + Pfeil nach links
Lauter	cmd + Pfeil nach oben
Leiser	cmd + Pfeil nach unten
Neuer Sender	cmd + N
Feed aktualisieren	cmd + R

Allgemein

Starten oder Pausieren der Wiedergabe	Leertaste
Zum nächsten springen	cmd + Pfeil nach rechts
Zum vorherigen springen	cmd + Pfeil nach links
Lauter	cmd + Pfeil nach oben
Leiser	cmd + Pfeil nach unten

Allgemein

iMovie-Einstellungen öffnen	cmd + Komma
Neuer Film/Projekt	cmd + N
Neuer Trailer	cmd + Shift + N
Neues Ereignis	alt + N
Clip im Ereignis zeigen	Shift + F
Clip im Finder zeigen	cmd + Shift + R
Medien importieren	cmd + I
Film im iMovie Theater bereitstellen	cmd + E
Filmthema auswählen/ändern	cmd + 6

iMovie

Anzeige und Steuerung	
Film/Clip abspielen und anhalten	Leertaste
Auswahl abspielen	Ü
Ausgewählten Film/Clip von Anfang an wiedergeben	#
Film/Clip im Vollbildmodus abspielen	cmd + Shift + F
In Endlosschleife abspielen	cmd + L
Clip-Informationen im Ereignisfenster ein-/ausblenden	ctrl + Y
Clips im Ereignisfenster vergrößern	cmd + Pluszeichen
Clips im Ereignisfenster verkleinern	cmd + Minuszeichen
Alle Clips im Ereignisfenster zoomen	Shift + Z
Einrasten	N
Audiomaterial überfliegen	Shift + S
iMovie-Fenster maximal vergrößern	F5
Mediathek einblenden	1
Projekte einblenden	2
iMovie Theater einblenden	3
Mediatheken ein-/ausblenden	cmd + Shift + 1
Clip-Trimmer ein-/ausblenden	cmd + R
Präzisions-Editor ein-/ausblenden	cmd + Ü
Vollbildmodus ein-/ausschalten	ctrl + cmd + F

iMovie

Anzeige und Steuerung

Inhaltsmediathek

Zu „Meine Medien" springen	cmd + 1
Zu „Audio" springen	cmd + 2
Zu „Titel" springen	cmd + 3
Zu „Hintergründe" springen	cmd + 4
Zu „Übergänge" springen	cmd + 5

Film/Clip auswählen und bearbeiten

Alle auswählen	cmd + A
Gesamten Clip auswählen	X
Auswahl aufheben	cmd + Shift + A
Ausgewählten Bereich/Clip am Ende des Films hinzufügen	E
Ausgewählten Bereich/Clip zum Film in eigener Spur hinzufügen	Q
Ausgewählten Bereich/Clip an aktueller Position des Films hinzufügen	W
Überblendung hinzufügen	cmd + T
Film/Clip duplizieren	cmd + D
Clip aus der Clipübersicht entfernen	Backspace
Clip als Favorit markieren	F
Clip keine Wertung zuweisen	U
Film/Clip verbessern	cmd + Shift + E
Standbild hinzufügen	alt + F
Clip stummschalten	cmd + Shift + M
Clip an aktueller Position trimmen	alt + Ü

iMovie

Film/Clip auswählen und bearbeiten

Clip-Ende/Anfang nach links verschieben	Komma
Clip-Ende/Anfang nach rechts verschieben	Punkt
Clip-Ende/Anfang in großen Schritten nach links verschieben	Shift + Komma
Clip-Ende/Anfang in großen Schritten nach rechts verschieben	Shift + Punkt
Clip teilen	cmd + B
Zuvor getrennte Clips wieder verbinden	cmd + Shift + B
Audiospur vom Clip trennen	cmd + alt + B
Geschwindigkeit des Clips zurücksetzen	alt + Shift + R

Filmanpassungen kopieren/einfügen

Anpassungen kopieren	cmd + C
Alle Anpassungen einfügen	cmd + alt + V
Farbkorrektur einfügen	cmd + alt + C
Beschneidung einfügen	cmd + alt + R
Lautstärke einfügen	cmd + alt + A
Clipfilter einfügen	cmd + alt + L
Audioeffekt einfügen	cmd + alt + O
Geschwindigkeit einfügen	cmd + alt + S
Einstellung für Videoüberlagerung einfügen	cmd + alt + U
Kartenstil einfügen	cmd + alt + M

Weiterführende Lektüre

iMovie Handbuch
Filme schneiden am Mac, iPad und iPhone
E-Book (als PDF oder ePub erhältlich)

ISBN: 978-3-95431-369-3 € 3,99
Autor: Johann Szierbeck

Egal ob Sie ein iPhone, iPad oder einen Mac ihr eigen nennen – iMovie ist eine spektakuläre Software, um rasch professionelle Videos herstellen zu können. Die ersten Schritte sind oftmals schnell erledigt, doch wer tiefer einsteigen und den vollen Funktionsumfang kennenlernen will, dem sei dieses Buch empfohlen.

Fotos

Allgemein	
Fotos-Einstellungen öffnen	cmd + Komma
Neues Album erstellen	cmd + N
Neues intelligentes Album erstellen	cmd + alt + N
Neuen Ordner erstellen	cmd + Shift + N
Fotos/Filme importieren	cmd + Shift + I
Ausgewählte Fotos/Filme exportieren	cmd + Shift + E
Zu „Jahre" wechseln	cmd + 1
Zu „Monate" wechseln	cmd + 2
Zu „Tage" wechseln	cmd + 3
Zu „Alle Fotos" wechseln	cmd + 4
In Fotos zur „Mediathek" wechseln	ctrl + 1
In der Mediathek zu „Rückblicke" wechseln	ctrl + 2
In der Mediathek zu „Personen" wechseln	ctrl + 3
In der Mediathek zu „Orte" wechseln	ctrl + 4
In der Mediathek zu „Favoriten" wechseln	ctrl + 5
In der Mediathek zu „Letzte" wechseln	ctrl + 6
In der Mediathek zu „Importe" wechseln	ctrl + 7

Fotos

Allgemein

In der Mediathek zu „Hochladen nicht möglich" wechseln	ctrl + 8
In der Mediathek zu „Zuletzt gelöscht"	ctrl + 9
Miniaturen ein-/ausblenden	alt + S
Titel ein-/ausblenden	cmd + Shift + T
Ins Foto ein-/auszoomen	Z
Stufenweise größer zoomen	cmd + Pluszeichen
Stufenweise kleiner zoomen	cmd + Minuszeichen
Vollbildmodus ein-/ausblenden	ctrl + cmd + F
Infofenster ein-/ausblenden	cmd + I
Schlagwortmanager ein-/ausblenden	cmd + K

Fotos bearbeiten

Bild im Uhrzeigersinn drehen	cmd + alt + R
Bild gegen den Uhrzeigersinn drehen	cmd + R
Bild bearbeiten bzw. Werkzeuge einblenden	Return
Bild als Favorit sichern/entfernen	Punkt
Bild in Alben und Ereignissen ausblenden	cmd + L
Bild als Schlüsselfoto für Ereignisse festlegen	cmd + Shift + K
Bild/Film/Album duplizieren	cmd + D
Bild/Film/Album löschen	Backspace
Bildanpassungen kopieren	cmd + Shift + C
Bildanpassungen einfügen	cmd + Shift + V

Weiterführende Lektüre

Fotos Handbuch
Mehr Spaß mit Bildern am Mac, iPhone & iPad
E-Book (als PDF oder ePub erhältlich)

ISBN: 978-3-95431-352-5 € 4,99
Autor: Giesbert Damaschke

Egal ob Sie ein iPhone, ein iPad oder einen Mac besitzen – Fotos kümmert sich um Ihre Bilder. Dabei gibt es eine ganze Menge zu entdecken. Über die iCloud-Fotomediathek erfolgt der Abgleich von iOS zu macOS ohne Ihr Zutun. Durch pfiffige Bildbearbeitungsfunktionen können Sie Ihre Fotos im Handumdrehen optimieren.

 # Bücher

Allgemein	
Bücher-Einstellungen öffnen	cmd + Komma
Buch öffnen	cmd + O
Buch zur Bibliothek hinzufügen	cmd + Shift + O
Neue Sammlung	cmd + N
Book Store-Startseite	cmd + Shift + H
Store-Seite neu laden	cmd + R
Bibliothek-Fenster öffnen	cmd + L

Lesemodus	
Inhaltsverzeichnis öffnen	cmd + T
Miniaturen einblenden	cmd + Shift + T
Randnotizen einblenden	cmd + 3
Notizen einblenden	cmd + 4
Lernkarten einblenden	cmd + 5
Glossar einblenden	cmd + 6
Einzelseiten zeigen	cmd + 1
Doppelseiten zeigen	cmd + 2
Darstellung in Originalgröße	cmd + 0
Darstellung/Schrift vergrößern	cmd + Pluszeichen
Darstellung/Schrift verkleinern	cmd + Minuszeichen
Vollbildmodus ein-/ausschalten	ctrl + cmd + F

Bücher/Kalender

Lesemodus

Zum nächsten Kapitel/Inhaltsverzeichniseintrag wechseln	cmd + Shift + Pfeil nach rechts
Zum vorherigen Kapitel/Inhaltsverzeichniseintrag wechseln	cmd + Shift + Pfeil nach links
Vorwärtsblättern	Pfeil nach rechts
Rückwärtsblättern	Pfeil nach links
Lesezeichen hinzufügen	cmd + D

 # Kalender

Allgemein

Kalender-Einstellungen öffnen	cmd + Komma
Neues Ereignis eintragen	cmd + N
Neuer Kalender	cmd + alt + N
Neuen Kalender abonnieren	cmd + alt + S
Ereignis bearbeiten	cmd + E
Informationen einblenden	cmd + I
Informationen-Fenster einblenden und automatisch aktualisieren	cmd + alt + I
Ereignis duplizieren	cmd + D
Kalender aktualisieren	cmd + R
Vollbildmodus ein-/ausschalten	ctrl + cmd + F

Kalender

Darstellung	
Tagesansicht einblenden	cmd + 1
Wochenansicht einblenden	cmd + 2
Monatsansicht einblenden	cmd + 3
Jahresansicht einblenden	cmd + 4
Vorwärtsblättern	cmd + Pfeil nach rechts
Rückwärtsblättern	cmd + Pfeil nach links
„Heute" anzeigen	cmd + T
Ein bestimmtes Datum anzeigen	cmd + Shift + T
Schrift vergrößern	cmd + Pluszeichen
Schrift verkleinern	cmd + Minuszeichen
Adressen ein-/ausblenden	cmd + alt + A
Verfügbarkeit ein-/ausblenden	cmd + Shift + A

 Kontakte

Allgemein	
Kontakte-Einstellungen öffnen	cmd + Komma
Neuen Kontakt eintragen	cmd + N
Neue Gruppe erstellen	cmd + Shift + N
Neue intelligente Gruppe erstellen	cmd + alt + N
Kontakte importieren	cmd + O
Kontakt/Visitenkarte bearbeiten	cmd + L
Gruppen ein-/ausblenden	cmd + 1
Gruppe „Letzter Import" ein-/ausblenden	cmd + alt + L
Zum nächsten Kontakt springen	cmd + Shift + Ä
Zum vorherigen Kontakt springen	cmd + Shift + Ö
Markierte Kontakte zu einem zusammenführen	cmd + Shift + L
Zwischen Kennzeichnung „Person" und „Firma" wechseln	cmd + Ü
Eigene Visitenkarte einblenden	cmd + Shift + M
Eigenes Bild für den Kontakt auswählen	cmd + alt + I
Kontakt in eigenem Fenster öffnen	cmd + I

Nachrichten

Allgemein	
Nachrichten-Einstellungen öffnen	cmd + Komma
Neue Nachricht	cmd + N
Konversation löschen	cmd + Backspace
Schrift größer	cmd + Pluszeichen
Schrift kleiner	cmd + Minuszeichen
Visitenkarte einblenden	cmd + alt + B
Ausgewählten Kontakt hinzufügen	cmd + Shift + A
Datei senden	cmd + alt + F
Nächste Konversation auswählen	ctrl + Tab
Vorherige Konversation auswählen	ctrl + Shift + Tab
Nachrichten-Fenster öffnen	cmd + 0

Notizen

Da das Programm *Notizen* viele Gemeinsamkeiten mit dem Programm *TextEdit* hat, werden für die Textformatierung die gleichen Kurzbefehle verwendet. Die Kurzbefehle für *TextEdit* finden Sie auf Seite 31.

Allgemein	
Neue Notiz	cmd + N
Neuer Ordner	cmd + Shift + N
Text linksbündig	cmd + alt + 8
Text rechtsbündig	cmd + alt + 9
Text zentriert	cmd + alt + 7
Einzug erhöhen	cmd + alt + 6
Einzug verringern	cmd + alt + 5
Ordnerübersicht ein- / ausblenden	cmd + alt + S
Vollbildmodus ein-/ausschalten	ctrl + cmd + F
Checkliste	cmd + Shift + L
Tabelle einfügen	cmd + alt + T
Notizen als Liste zeigen	cmd + 1
Notizen als Galerie zeigen	cmd + 2
Anhangsübersicht	cmd + 3
Schrift ein-/ausblenden	cmd + T
Ansicht vergrößern	cmd + Shift + Punkt
Ansicht verkleinern	cmd + Shift + Komma

Allgemein

Orignalgröße	cmd + Shift + 0
Text als „Titel" formatieren	cmd + Shift + T
Text als „Überschrift" formatieren	cmd + Shift + H
Text als „Unterüberschrift" formatieren	cmd + Shift + J
Text als „Text" formatieren	cmd + Shift + B
Schriftstil „Fett"	cmd + B
Schriftstil „Kursiv"	cmd + I
Schriftstil „Unterstreichen"	cmd + U
Schrift größer	cmd + Plus
Schrift kleiner	cmd + Minus
Farben ein-/ausblenden	cmd + Shift + C
Schriftstil kopieren	cmd + alt + C
Schriftstile einsetzen	cmd + alt + V
Datei anfügen	cmd + Shift + A
Link hinzufügen	cmd + K
Notizen durchsuchen	cmd + alt + F
Weitersuchen vorwärts	cmd + G
Weitersuchen rückwärts	cmd + Shift + G
Auswahl für Suche übernehmen	cmd + E
Auswahl anzeigen	cmd + J
Schnellnotizen aufrufen	fn + Q (systemweit)

Erinnerungen

Allgemein	
Neue Erinnerung	cmd + N
Neue Liste	cmd + Shift + N
Seitenleiste ein-/ausblenden	cmd + ctrls + S
Informationen einblenden	cmd + I
Ausgewählte Liste in neuem Fenster öffnen	Doppelklick

FaceTime

Allgemein	
FaceTime-Einstellungen öffnen	cmd + Komma
FaceTime ein-/ausschalten	cmd + K
Zwischen Hoch- und Querformat wechseln	cmd + R
Vorbildmodus ein-/ausschalten	ctrl + cmd + F

 # Karten

Allgemein	
Neues Fenster	cmd + N
Neuer Tab	cmd + T
Stecknadel setzen	cmd + Shift + D
Als Favorit sichern	cmd + D
Kartendarstellung	cmd + 1
ÖPNV-Darstellung	cmd + 2
Satellitendarstellung	cmd + 3
3D-Karte einblenden	cmd + 0
Karte vergrößern	cmd + Pluszeichen
Karte verkleinern	cmd + Minuszeichen
Nach Norden ausrichten	cmd + Pfeil nach oben
Aktuellen Ort anzeigen	cmd + L
Route ein-/ausblenden	cmd + R
Vollbildmodus ein-/ausschalten	ctrl + cmd + F
Tabübersicht einblenden	cmd + alt + Shift + 7
Zum vorherigen Tab springen	ctrl + Shift + Tab
Zum nächsten Tab springen	ctrl + Tab

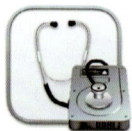

Festplattendienstprogramm

Allgemein	
Neues leeres Image erstellen	cmd + N
Neues Image von Ordner erstellen	cmd + Shift + N
Image von „Macintosh HD" erstellen	cmd + alt + N
Imagedatei öffnen	cmd + alt + O
Fenster schließen	cmd + W
Informationen vom ausgewählten Volume öffnen	cmd + I
Volume im Finder zeigen	Kontextmemü (Rechtsklick): Im Finder anzeigen
Volume wiederherstellen	cmd + Shift + R
Volume partitionieren	cmd + Shift + P
Volume löschen	cmd + Shift + E
Symbolleiste ein-/ausblenden	cmd + alt + T
Seitenleiste ein-/ausblenden	cmd + alt + S
Nur Volumes anzeigen	cmd + 1
Alle Geräte anzeigen	cmd + 2
Fenster „Festplattendienstprogramm"	cmd + D

Schlüsselbundverwaltung

Allgemein	
Einstellungen öffnen	cmd + Komma
Ticket-Viewer öffnen	cmd + alt + K
Neues Passwort erstellen	cmd + N
Neue sichere Notiz erstellen	cmd + Shift + N
Neuer Schlüsselbund	cmd + alt + N
Objekte importieren	cmd + Shift + I
Objekte exportieren	cmd + Shift + E
Schlüsselbund hinzufügen	cmd + Shift + A
Ausgewählten Schlüsselbund löschen	cmd + alt + Backspace
Informationen öffnen	cmd + I
Ausgewählten Schlüsselbund schützen	cmd + L
Passwort in die Zwischenablage kopieren	cmd + Shift + C
Im Schlüsselbund suchen	cmd + alt + F
Schlüsselbund ausblenden	cmd + K

Weiterführende Lektüre

iCloud & Apple-ID
Mehr Sicherheit für Ihre Daten im Internet
Geeignet für iPad, Mac und Windows

ISBN: 978-3-95431-085-2 € 19,95
Autoren: Anton Ochsenkühn

Alle Anwender/-innen, die ein Gerät von Apple haben, werden zwangsläufig mit den Themen Apple-ID und iCloud konfrontiert. In diesem Buch zeigt Anton Ochsenkühn, wie umfassend die Funktionen einer Apple-ID eingesetzt werden und wie man die iCloud sicher verwendet.

Gestensteuerung

Wenn Sie mit Gesten arbeiten wollen, gilt es einige wesentliche Grundeinstellungen zu überprüfen und vorzunehmen, damit die Gesten auch umgesetzt werden. In den *Systemeinstellungen* bei *Trackpad* sollten die Spezifikationen für die *Gesten* exakt definiert werden.

> **!** Sollten Sie einen tragbaren Apple-Rechner haben, verfügen Sie bereits über ein eingebautes Trackpad, das alle nachfolgend dargestellten Funktionen abbilden kann. Arbeiten Sie mit einem stationären Mac-Rechner, haben Sie im Normalfall lediglich die Magic Mouse zur Verfügung, auf der nur bedingt Gesten ausgeführt werden können. Deshalb ist es für Besitzer eines stationären Mac durchaus interessant, sich das **Magic Trackpad** zuzulegen, um auch dort Gesten nutzen zu können.

Zeigen und Klicken	
Klicken	Mit einem Finger tippen
Rechtsklick	Mit zwei Fingern klicken oder rechts unten klicken oder links unten klicken (je nach Einstellung)
Markiertes Wort im Lexikon nachschlagen	Mit drei Fingern tippen

Scrollen und Zoomen	
Nach oben und unten scrollen	Mit zwei Fingern nach oben und unten streichen

Gestensteuerung

Scrollen und Zoomen

Ein- und Auszoomen	Zwei Finger zusammen- oder auseinanderziehen
Übersicht der Tabs in Safari	Zwei Finger zusammen- oder auseinanderziehen
Intelligentes Zoomen	Mit zwei Fingern doppeltippen
Objekt/Bild drehen, z. B. in „Vorschau"	Mit zwei Fingern drehen

Sonstige Gesten

Seiten durchblättern	Mit zwei oder drei Fingern (je nach Einstellung) nach links und rechts streichen
Zwischen den Programmen mit Vollbildanzeige blättern	MIt drei oder vier Fingern (je nach Einstellung) nach links und rechts streichen
Mitteilungszentrale einblenden	Außerhalb der rechten Seite des Trackpads mit zwei Fingern nach links streichen
Mission Control öffnen	Mit drei oder vier Fingern (je nach Einstellung) von unten nach oben streichen
App-Exposé öffnen	Mit drei oder vier Fingern (je nach Einstellung) von oben nach unten streichen
Launchpad öffnen	Daumen und drei Finger zusammenziehen
Schreibtisch anzeigen	Daumen und drei Finger auseinanderziehen

Mail

E-Mail nach rechts wischen	Als gelesen/ungelesen markieren
E-Mail nach links wischen	In Papierkorb verschieben

 Siri

Die Spracherkennung Siri hat mit macOS Sierra auch Einzug auf dem Mac gehalten. Besitzern eines iPhones, iPads oder von Apple TV ist Siri bereits als hilfreicher Assistent zur automatischen Durchführung von vielen Funktionen bestens bekannt. Ich will Ihnen nun erläutern, wie Sie Siri auf dem Mac einsetzen können, um damit z. B. den Einsatz von Tastenkombinationen überflüssig zu machen.

Zuerst muss Siri eingeschaltet sein, was man während der Installation von macOS tun kann. Nachträglich kann es aber auch in den *Systemeinstellungen* bei dem Punkt *Siri* aktiviert werden. Dort lässt sich zusätzlich eine Tastenkombination zum Aufrufen von Siri festlegen. Ansonsten müssen Sie Siri nämlich rechts oben über das Menulet-Symbol, über Lauchpad oder über das Dock starten.

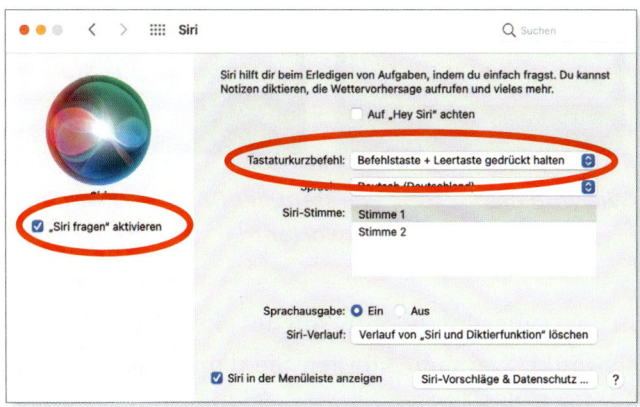

Für das Starten von Siri können Sie eine Tastenkombination definieren.

Siri

Öffnen Sie das Menü bei der Option *Tastaturkurzbefehl* und wählen Sie den Punkt *Anpassen*. Nun drücken Sie die gewünschte Tastenkombination zum Aufrufen von Siri. Voreingestellt ist *Befehlstaste + Leertaste gedrückt halten*.

Was kann Siri nun am Mac für Sie tun? Eine ganze Menge verschiedener Dinge!

Sie können z. B. Siri nach dem aktuellen Wetter in einer bestimmten Stadt fragen: „Wie wird das Wetter morgen in Würzburg?". Oder Sie wollen eine Auskunft vom Aktienmarkt: „Wie steht der DAX?".

Wie wird das Wetter? Wie steht der DAX? Siri kennt die Antworten!

Siri ist aber nicht auf solche einfachen Anfragen beschränkt, vielmehr können Sie damit auch neue Einträge im Kalender oder in den Erinnerungen anlegen: „Erinnere mich morgen um 8 Uhr daran die Mülltonnen rauszustellen". Siri kann auch Nachrichten bzw. iMessages verschicken: „Sage Josef Müller ich werde morgen vormittag eintreffen", oder Sie können sich die neueste Nachricht vorlesen lassen: „Lies mir die neue Nachricht vor".

Mit Siri lassen sich auch Programme öffnen: „Starte die App Vorschau" oder „Öffne das Programm Pages". Und Siri kann natürlich auch eine Suche auf dem Mac oder im Internet durchführen: „Zeige mir alle Termine von heute" oder „Zeige mir alle E-Mails von Johann" oder „Was war der 30-jährige Krieg?".

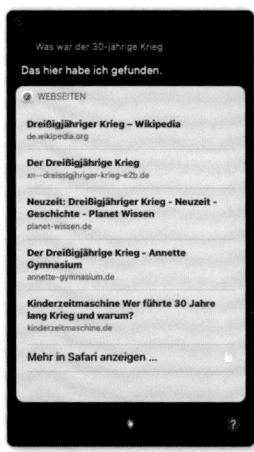

Eine Suche gestaltet sich mit Siri recht einfach.

Siri greift nicht nur auf die Funktionen von macOS zu, sondern auch auf fast alle Programme. Damit wird Siri zu einem wirklich sehr hilfreichen Assistenten und erleichtert das Arbeiten am Mac unglaublich. Und Siri hilft auch bei der Verwaltung von Dateien und Dokumenten: Sie können sich z. B. mit „Zeige mir die Dokumente, die ich heute geöffnet habe" eine Liste aller Dateien zeigen lassen, die diesen Kriterien entsprechen. Die Suche kann man weiter einschränken, etwa auf „Nur die Pages-Dokumente". Weiteres Beispiel: „Zeige mir alle Bilder in meinem Download-Ordner". Auch Systemabfragen lassen sich durchführen, zum Beispiel: „Wie viel Speicherplatz habe ich auf meinem Mac noch frei?". Besonders praktisch ist der Zugriff auf Systemfunktionen: So ermöglicht Siri unter anderem die Aktivierung des Ruhezustands oder des Bildschirmschoners.

Es geht aber noch weiter. Wenn Sie mit Siri z. B. eine Internetsuche nach Bildern starten, können Sie die Ergebnisse einfach per Drag-and-Drop auf Ihren Schreibtisch bzw. in einen Ordner oder in ein geöffnetes Pages-Dokument ziehen. Das jeweilige Bild wird dann sofort auf Ihren Rechner heruntergeladen. Zusätzlich können Sie die Internetsuche in der Mitteilungszentrale speichern: Dazu müssen Sie nur auf das kleine Plussymbol rechts oben im Suchergebnis klicken.

Während Ihrer Internetsuche nach Bildern können Sie Fotos sofort per Drag-and-Drop auf dem Computer ablegen. Achten Sie aber dabei stets auf die Urheberrechte der Bilder.

Weiterführende Lektüre

Wenn Sie mehr über Siri erfahren wollen, dann empfehle ich Ihnen das *Siri Handbuch* von Giesbert Damaschke aus dem amac-buch Verlag.

Siri Handbuch
für Mac, iPhone, iPad, Apple TV & Apple Watch
E-Book (als PDF oder ePub erhältlich)

ISBN:	978-3-95431-322-8	€ 1,99
Autor:	Giesbert Damaschke	

Force Touch (kräftiger Klick)

Die MacBooks und MacBooks Pro mit Retina-Display ab dem Jahr 2015 haben ein ganz spezielles Trackpad. Dieses Trackpad reagiert auf die Stärke eines Klicks. Ein kräftiger Klick auf das Trackpad löst andere Funktionen aus, als ein normaler Klick. Viele Programme unterstützen den kräftigen Klick, wie z. B. Mail, Safari, iMovie, GarageBand oder Kalender und Karten.

Mit dem Kauf eines Magic Trackpad 2 können Sie Force Touch auch auf einem iMac oder Mac mini nutzen.

Wenn Sie im Besitz eines MacBooks bzw. MacBook Pros mit diesem speziellen Trackpad sind, sollten Sie zuerst kontrollieren, ob der kräftige Klick aktiviert ist. Öffnen Sie dazu die *Systemeinstellungen* bei *Trackpad –> Zeigen und Klicken*. Dort finden Sie die Option *Kräftiger Klick und haptisches Feedback*. Wenn diese Option eingeschaltet ist, dann reagiert das Trackpad auf einen kräftigen Klick.

Force Touch (kräftiger Klick)

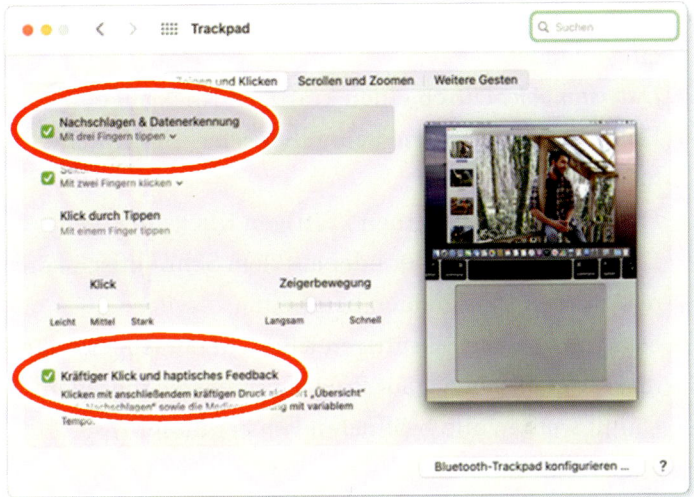

In den „Systemeinstellungen" kann die Funktion für den kräftigen Klick eingestellt oder komplett deaktiviert werden.

Beispiele, wofür Sie einen kräftigen Klick nutzen können:
- *Nachschlagen:* Wenn Sie kräftig auf Text in einer Webseite oder E-Mail klicken, erscheint ein Popover mit Suchergebnissen für diesen Text. Die Informationen stammen aus Quellen wie dem Lexikon, Wikipedia usw.
- *Adressen:* Durch einen kräftigen Klick auf eine Adresse erscheint eine Kartenvorschau dieses Orts.
- *Veranstaltungen:* Durch einen kräftigen Klick auf Termine und Veranstaltungen fügen Sie diese dem Kalender hinzu.
- *Link-Vorschau:* Durch einen kräftigen Klick auf einen Link in Safari oder Mail wird eine integrierte Vorschau der Webseite angezeigt.
- *Sendungsverfolgungsnummern:* Durch einen kräftigen Klick auf eine Sendungsverfolgungsnummer in Safari

Force Touch (kräftiger Klick)

oder Mail werden Versanddetails in einem Popover eingeblendet.
- *Dateisymbole:* Durch einen kräftigen Klick auf ein Dateisymbol wird eine Schnellvorschau des Dateiinhalts angezeigt.
- *Dateinamen:* Durch einen kräftigen Klick auf einen Dateinamen im Finder oder auf dem Schreibtisch können Sie den Dateinamen bearbeiten.
- *Dock:* Durch einen kräftigen Klick auf ein App-Symbol im Dock können Sie auf Programmfenster zugreifen. Damit werden alle geöffneten Fenster dieser App angezeigt.
- *Mail:* Wenn Sie eine Nachricht mit einem Bild- oder PDF-Anhang erstellen, können Sie durch einen kräftigen Klick auf den Anhang die Funktion „Anmerken" aktivieren. Auf diese Weise können Sie dem Anhang Anmerkungen hinzufügen.
- *Nachrichten:* Durch einen kräftigen Klick auf eine Konversation in der Seitenleiste werden Details und Anhänge angezeigt, und durch einen kräftigen Klick auf das Token eines Kontakts im Chat-Header wird die Kontaktkarte in einem Popover eingeblendet.
- *Erinnerungen:* Durch einen kräftigen Klick auf eine Erinnerung werden weitere Details angezeigt.
- *Kalender:* Durch einen kräftigen Klick auf ein Ereignis werden weitere Details angezeigt. Durch einen kräftigen Klick auf einen Tagungsteilnehmer wird die entsprechende Kontaktkarte in einem Popover eingeblendet.
- *Kartenstandorte:* Durch kräftiges Klicken auf einen Kartenstandort können Sie eine Stecknadel setzen.

Force Touch (kräftiger Klick)

- *iMovie:* Durch einen kräftigen Klick auf die Karte in der Timeline Ihres iMovie-Projekts, das eine animierte Karte oder einen animierten Globus beinhaltet, können Sie auf ein Stil-Menü zugreifen. Auf diese Weise können Sie aus verschiedenen Stilen wählen.
- *QuickTime und iMovie:* Sie können mehr oder weniger kräftig auf die Tasten für schnellen Vor- oder Rücklauf drücken. Auf diese Weise lässt sich die Geschwindigkeit erhöhen, mit der Sie vor- oder zurückspulen.
- *iMovie:* Wenn Sie einen Videoclip auf seine maximale Länge ziehen, erhalten Sie eine Rückmeldung darüber, dass Sie das Ende des Clips erreicht haben. Wenn Sie einen Titel hinzufügen, erhalten Sie eine Rückmeldung, wenn der Titel am Anfang oder Ende eines Clips positioniert wird. Eine diskrete Rückmeldung wird außerdem mit den Ausrichthilfen gegeben, die beim Beschneiden eines Clips im Viewer angezeigt werden.
- *Kartenvergrößerung/-verkleinerung:* Drücken Sie fester auf eine Zoom-Taste, um die Geschwindigkeit beim Vergrößern und Verkleinern einer Karte zu erhöhen.
- *Fotos mit Pfeiltasten durchblättern:* Wenn Sie Ihre Fotos in einem Album oder Moment mit den Pfeiltasten durchblättern, können Sie etwas fester drücken, um die Geschwindigkeit zu erhöhen.
- *Fotos drehen:* Wenn Sie in Fotos die Funktion „Beschneiden" auswählen und ein Foto dann drehen, fühlen Sie ein Einrasten, wenn die Drehung des Fotos null Grad beträgt.

Eigene Tastenkürzel definieren

macOS stellt dem Benutzer auch die Möglichkeit zur Verfügung, eigene Tastenkürzel für die unterschiedlichen Programmfunktionen zu definieren. So sind z. B. die Shortcuts im Finder für das Vorwärts- und Rückwärtsblättern in der deutschen Version etwas unglücklich belegt, denn *Zurück* ist mit der Tastenkombination *cmd* + *Ö* und Vorwärts mit *cmd* + *Ä* versehen. Es wäre schöner, hier die gleichen Tastenkombinationen zu verwenden, die wir auch von Safari kennen. Besser wäre es, man könnte die *Befehlstaste* und die *Pfeiltaste nach links* für das Zurückblättern bzw. die *cmd*-Taste und die *Pfeiltaste nach rechts* verwenden.

Aber das Apple-Betriebssystem zeigt sich dieser Änderung gegenüber aufgeschlossen: Wir können nicht nur für den Finder, sondern für alle weiteren Programme bestehende Shortcuts modifizieren bzw. neue Shortcuts erstellen. Für unser Beispiel müssen Sie dazu folgendermaßen vorgehen:

1. Öffnen Sie die *Systemeinstellungen* und rufen Sie den Eintrag *Tastatur* auf und wählen Sie dort *Kurzbefehle*.
2. Navigieren Sie im linken Bereich des Fensters zu *App-Tastaturkurzbefehle* und klicken Sie danach unterhalb der rechten Liste auf das +-Symbol.

Eigene Tastenkürzel definieren

3. Wählen Sie dort neben *Programm* statt *Alle Programme* den Eintrag *Finder*, geben Sie bei *Menü* den Menüpunkt an, den Sie modifizieren möchten, und schlussendlich bei *Tastaturkurzbefehl* den neuen Shortcut, der nun zum Einsatz kommen soll, nämlich *cmd + Pfeiltaste nach links*.
4. Schließen Sie die Aktion über *Hinzufügen* ab.

Mit der gleichen Vorgehensweise können Sie auch Tastenkombinationen für andere Programme erstellen. Achten Sie dabei nur auf die korrekte Schreibweise der Menübefehle.

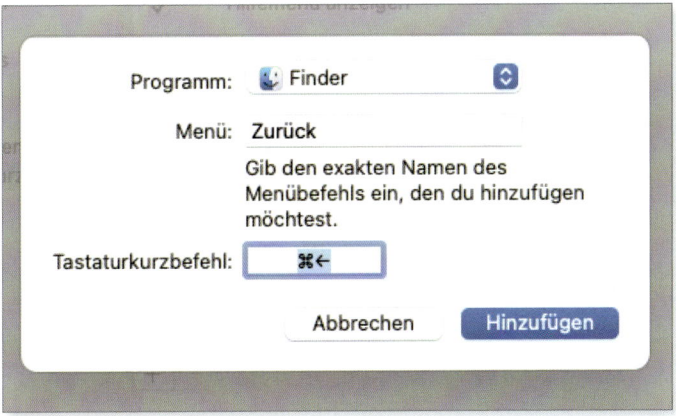

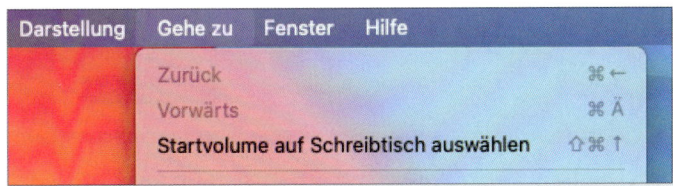

Neuer Tastaturkurzbefehl für „Zurück" im Findermenü „Gehe zu".

PDF erzeugen aus jeder App via Tastaturkurzbefehl

Das Umwandeln eines Dokuments in eine PDF-Datei mache ich selbst viele Male täglich. Deshalb wäre es doch prima, wenn es dabei etwas flotter zugehen würde. Folgen Sie dieser Anweisung, um einen Shortcut für das zügige Erstellen einer PDF-Datei in Apps zu erzeugen.

1. Gehen Sie zu *Systemeinstellungen –> Tastatur –> Kurzbefehle –> App-Tastaturkurzbefehle*.
2. Klicken Sie auf das *Plus*-Symbol, um einen neuen Tastaturkurzbefehl zu erzeugen.
3. Wählen Sie *Alle Programme* aus. Geben Sie nun „Als PDF sichern" ein.

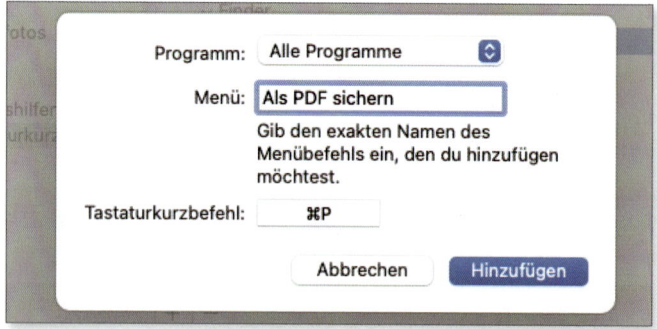

4. Ordnen Sie *cmd + P* als Tastaturkurzbefehl zu.
5. Tippen Sie auf *Hinzufügen* und probieren Sie es mal aus. Öffnen Sie ein Dokument in einer App Ihrer Wahl. Verwenden Sie *cmd + P*, um den Druckdialog zu öffnen, und mit einem erneuten *cmd + P* wird sogleich der *PDF-sichern*-Dialog aufgerufen.

Schnellaktionen

Seit geraumer Zeit hat Apple die *Schnellaktionen* eingeführt, mit deren Hilfe man bestimmte Aktionen sofort auf ausgewählte Dateien bzw. Ordner ausführen kann. Dadurch werden für Dateien und Ordner die Funktion *Dienste* ersetzt bzw. erweitert, die es schon sehr lange für macOS gibt.

Was können nun die Schnellaktionen? Das hängt davon ab, welche Art von Datei Sie ausgewählt haben. Bei einer ausgewählten PDF-Datei haben Sie mit den Schnellaktionen nur die Möglichkeit Markierungen hinzuzufügen . Wenn Sie allerdings eine JPEG-Datei ausgewählt haben, dann können Sie nicht nur Markierungen hinzufügen, sondern das Bild auch noch in 90-Grad-Schritten drehen. Videodateien hingegen lassen sich mit den Schnellaktionen auch kürzen.

Wo befinden sich die Schnellaktionen? Die Schnellaktionen können Sie an zwei Orten finden:

- im *Kontextmenü*, wenn Sie einen *Rechtsklick* auf eine Datei bzw. einen Ordner machen,
- und im unteren Bereich der *Vorschauspalte*, wenn Sie diese eingeblendet haben (*cmd* + *Shift* + *P*).

Schnellaktionen

Die Schnellaktionen findet man an zwei zentralen Orten.

Um nun eine Schnellaktion auszuführen, müssen Sie die gewünschte Datei bzw. Ordner markieren und dann nur die jeweilige Schnellaktion auswählen. Sie können auch mehrere Dateien markieren und mit einer Schnellaktion bearbeiten.

Schnellaktionen anpassen

Welche Schnellaktionen im Kontextmenü und in der Vorschauspalte zur Verfügung stehen, kann vom Anwender festgelegt werden. Öffnen Sie die *Systemeinstellungen* und wechseln dort zu *Erweiterungen*. Im Bereich *Finder* sind alle Schnellaktionen aufgelistet, die Sie dann auch ein- und ausschalten können. Sie können auch die Reihenfolge der Aktionen ändern, indem Sie sie einfach nach oben oder unten verschieben.

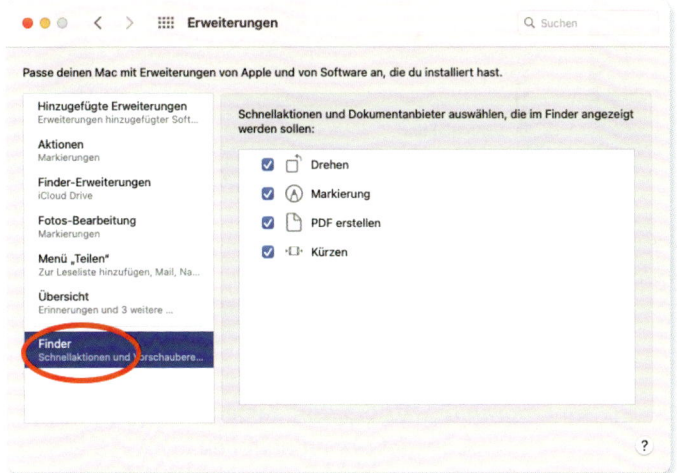

Bestimmen Sie, welche Schnellaktionen im Kontextmenü und in der Vorschauspalte verfügbar sein sollen.

Schnellaktionen

Eigene Schnellaktionen

Als Anwender ist man nicht auf die mitgelieferten Schnellaktionen beschränkt. Sie können auch eigene erstellen. Dazu benötigen Sie das Programm *Automator*, dass im Programme-Ordner zu finden ist. Wenn Sie das Programm starten und ein neues Dokument anlegen (*cmd + N*), dann müssen Sie zuerst auswählen, welche Art von Dokument erstellt werden soll. Im Auswahlfenster finden Sie dann auch die *Schnellaktionen*.

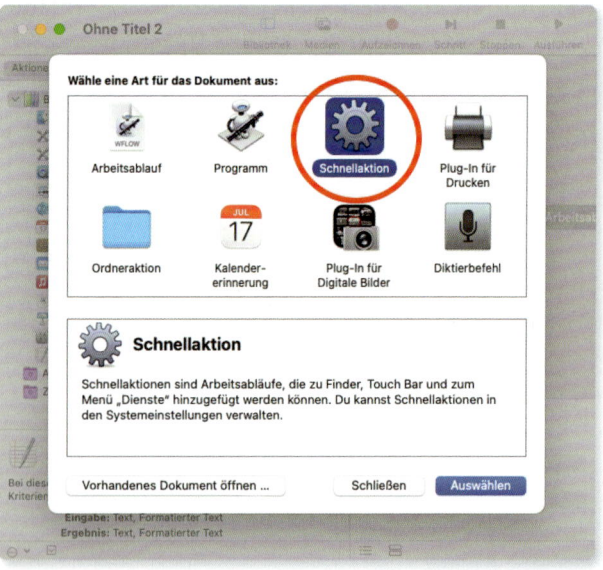

Im Programm „Automator" lassen sich eigene Schnellaktionen erstellen.

Wenn Sie ein neues Dokument *Schnellaktion* angelegt haben, müssen Sie im Anschluss noch festlegen, welche Tätigkeiten ausgeführt werden sollen. Der Automator stellt für viele Programme unterschiedliche Aktionen zur Verfügung. Wir wollen uns nur auf die Aktionen für den Finder konzentrieren. Dazu wählen Sie in der ersten Spalte die Kategorie *Dateien & Ordner* ❶ aus. In der Spalte daneben werden dann alle Aktionen aufgelistet, die der Automator für diese Kategorie durchführen kann.

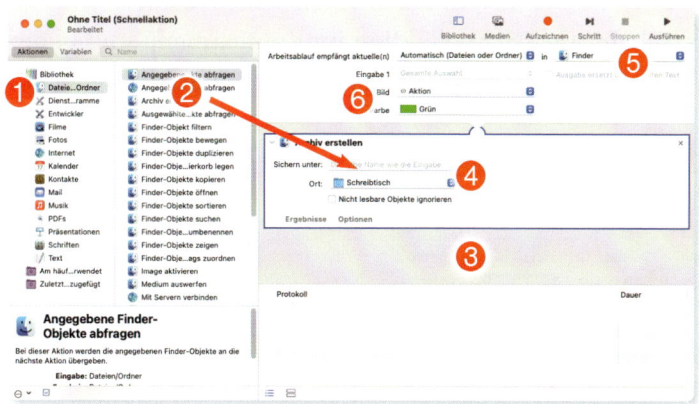

Bestimmen Sie, welche Aktionen in der Schnellaktion enthalten sein sollen.

In diesem Beispiel wollen wir mit eine Schnellaktion einfach ausgewählten Dateien und Ordner als ZIP-Datei komprimieren. Dazu wählen Sie die Aktion *Archiv erstellen* ❷ und ziehen Sie nach rechts in den Hauptbereich ❸. Die Aktion ist damit hinzugefügt und Sie können noch die Parameter dafür verändern, wie z. B. den Speicherort der ZIP-Datei ❹.

Sie könnten jetzt noch eine zweite Aktion hinzufügen, wie z. B. das Zuweisen eines Tags. In unserem Beispiel belassen wir es allerdings auf das Erstellen einer ZIP-Datei.

Schnellaktionen

Im nächsten Schritt müssen Sie noch festlegen, dass die Schnellaktion im Finder integriert wird ❺. Das Aussehen der Schnellaktion in der Vorschauspalte können Sie bei *Bild* und *Farbe* ❻ festlegen. Sind alle Einstellungen vorgenommen, müssen Sie die Schnellaktion nur noch sichern (*cmd + S*) und benennen.

Sind auch diese letzten beiden Schritte durchgeführt, erscheint Ihre Schnellaktion im Kontextmenü und in der Vorschauspalte und kann gleich ausprobiert werden.

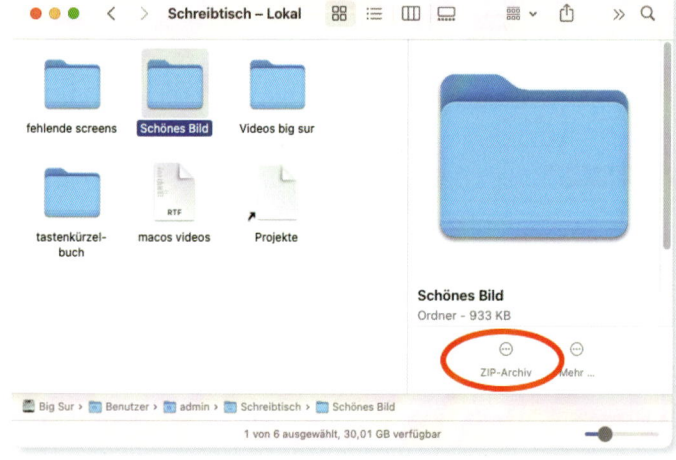

Die neue Schnellaktion ist nun in der Vorschauspalte aufgelistet und kann verwendet werden.

 Die selbstdefinierten Schnellaktionen werden im Ordner **Benutzer/Library/Services** gesichert. Dort können Sie diese löschen und für die Nachbearbeitung wieder öffnen.

Eigenes Tastenkürzel für den Programmstart

Wäre es nicht prima, über eine einfache Tastenkombination eine App Ihrer Wahl starten zu können? Mit wenigen Arbeitsschritten und den Schnellaktionen können Sie das einstellen. Dazu müssen Sie zuerst eine neue Schnellaktion erstellen (siehe vorherigen Abschnitt). Als Tätigkeit wählen Sie in der *Bibliotheksspalte* die Kategorie *Dienstprogramme* und in der Spalte daneben die Aktion *Programm starten*. Sie müssen dann nur noch das Programm bestimmen, dass gestartet werden soll, wie z. B. Mail.

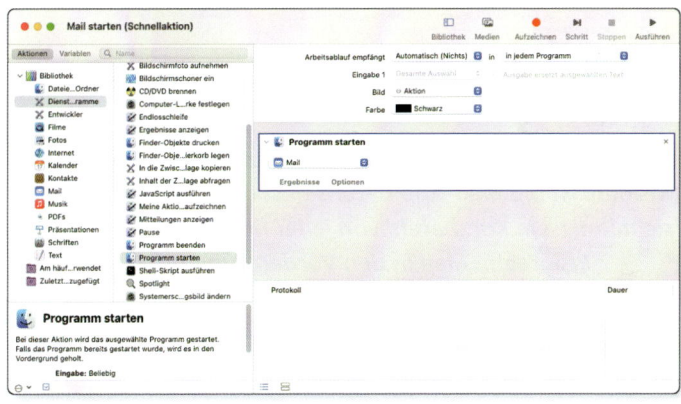

Die App „Mail" soll künftig per Shortcut gestartet werden.

Wenn die Schnellaktion gespeichert und benannt ist, wechseln Sie in die *Systemeinstellungen –> Tastatur –> Kurzbefehle –> Dienste* und vergeben einen Kurzbefehl. Achten Sie dabei darauf, dass dieser nicht bereits für andere Funk-

Eigenes Tastenkürzel für den Programmstart

tionen vergeben ist. Wichtig ist hierbei zudem, dass Sie die *cmd*-Taste in dem Kurzbefehl verwenden. Gute Kurzbefehle, die auch nicht bereits vergeben sind, enthalten optimalerweise die *cmd*- und die *ctrl*-Taste.

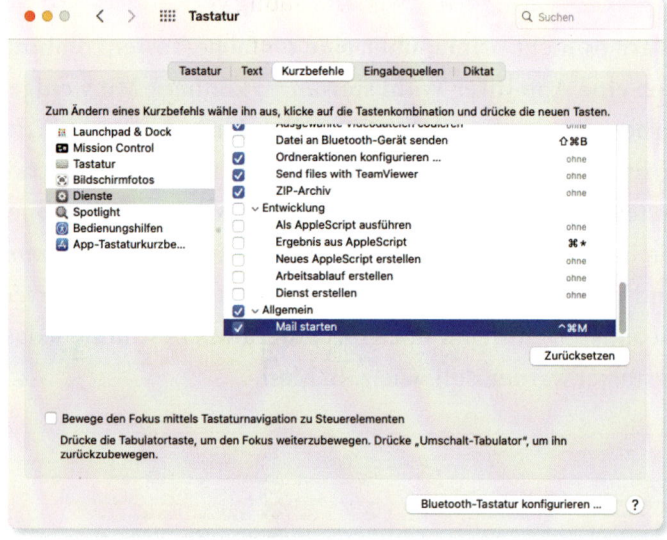

Ab sofort kann die Mail-App via „cmd + ctrl + M" gestartet werden. Ist die Mail-App bereits gestartet, dann können Sie sie mit diesem Kurzbefehl von jeder beliebigen App aus das Programm Mail in den Vordergrund bringen.

Kurzbefehle

Neu in Monterey ist die App *Kurzbefehle*. Damit lassen sich – ähnlich wie beim *Automator* – häufig verwendete Arbeitsprozesse zu einem Befehl zusammen fassen.

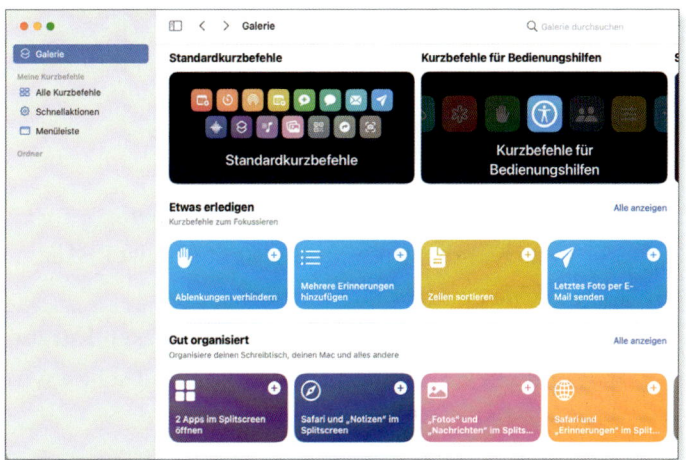

Die App Kurzbefehle werden langfristig den App Automator ablösen. Bestehende Automator-Workflows lassen sich in Kurzbefehle konvertieren.

Zum Ausprobieren hat Apple bereits eine Fülle von Befehlen in der Galerie zur Verfügung gestellt. Am besten zeige ich Ihnen ein Beispiel, damit Sie erkennen, wie Sie die vorgefertigten Befehle nutzen können:

1. Tippen Sie auf den Kurzbefehl *2 Apps im Splitscreen öffnen*
2. Klicken Sie nun auf *Kurzbefehl hinzufügen*.
3. Wählen Sie die beiden Apps aus, die im Splitscreen erscheinen sollen.

Kurzbefehle

4. Klicken Sie nun auf *Kurzbefehl hinzufügen*.
5. Der neue Kurzbefehl wurde erstellt und ist in *Alle Kurzbefehle* zu finden.
6. Führen Sie nun den Mauszeiger über diesen Kurzbefehl und klicken auf den *Play*-Button und schon wird der Befehl ausgeführt.

Sie sehen also, das Erstellen von Kurzbefehlen unter Zuhilfenahme der Galerie ist extrem einfach. Sie können natürlich auch komplett eigenständige neue Kurzbefehle erstellen. Tippen Sie dazu auf das +-Icon oben mittig *(Alle Kurzbefehle)* und ziehen von der rechten Spalte die gewünschten Befehle nach links und geben die dazugehörigen Parameter an.